阿瑪莉亞·安德烈（Amalia Andrade）著

白水木 譯

U0069786

別咬指甲了!

把恐懼變成你的超能力!

戰勝害怕與焦慮,
寫給每一個人的心理練習簿

Things You Think About
When You Bite Your Nails:

A Fear and Anxiety Workbook

獻給聖地牙哥
因為愛
會勝過恐懼

警告

　　這是一本圖文並茂、充滿圖畫和溫柔鼓勵小語的書，也是一本談論恐懼的書。有時候再多的插畫、再多的體貼言語，也沒辦法讓可怕的事物變得不可怕。所以我得先告訴你一件重要的事：這本書裡可能會出現一些讓你覺得不舒服的內容或圖像。像是裡頭會講到小丑、墜機、因為太不甘寂寞而過世的阿伯，我也會提到針筒、看牙醫、蜘蛛、巫術、犯錯、很黑的地方，還會討論心理健康、焦慮症、遭遇到創傷後所引發的壓力，以及恐懼症、強迫症等等。

　　這是一本希望你能好好面對自身恐懼的書。因為只有溫柔且直接地面對恐懼，我們才能克服它；唯有透過恐懼本身，我們才能從恐懼中走出來。

我感覺心頭一陣撕裂，
整個腦袋像被切開來似的；
我試著一絲一絲重新縫合，
卻怎麼都對不好。

——艾蜜莉·狄克森（Emily Dickinson）

我似乎是為了要救某人的命而寫作，
那個人很可能就是我自己。

——克萊莉絲·李思拜特（Clarice Lispector）

目錄

寫在前面

幹嘛寫一本書
只談恐懼啦？

親愛的讀者，這是一本關於恐懼的書——所以你閱讀時，很可能三不五時會覺得害怕。但不是說這本書很可怕啦，至少書裡是沒有怪獸的，請放心。咦？不對！其實是有些怪獸沒錯，但並不是為了嚇唬你而存在的，而是要幫助你摘下恐懼的面具，讓恐懼不再有力量，最後征服你心中的恐懼。

讀這本書，就像走進鬼王佛萊迪（Freddy）的電影裡，卻不會因此睡到半夜被他殘忍殺害，而是會發現，佛萊迪其實只是卑微的現代人，也要申報所得稅，還會因為帳戶餘額不足收到（第 12 次）帳單催繳通知。也會發現他最近才剛跟男朋友分手，並因創傷造成的壓力所苦——那場意外發生在佛萊迪 13 歲的時候，他哥不小心把滾燙的熱茶倒到他臉上，因而徹底毀了他演出電視劇的夢想。

Z 世代的小朋友們，
這就是佛萊迪

別咬指甲了！把恐懼變成你的超能力！

但我不是指佛萊迪因此殺人是合理的——我想說的是，佛萊迪很可能有反社會人格，也許應該去看個身心科——不過，你有沒有覺得知道這些以後，佛萊迪就沒那麼可怕了呢？好啦！對啦，還是有一點恐怖，但至少了解他的故事之後，可能讓我們覺得：「可憐的佛萊迪，他其實只是夢想成為電視劇男神罷了。」

而像這樣的理解，就是本書想帶給你的——不是了解佛萊迪，而是了解你心中那難分難解的恐懼，不管你怕的是老鼠還是寂寞，或是怕被別人拒絕。

恐懼是種一體兩面的東西，它可以是你的敵人，也可以是你的朋友，就看你了不了解恐懼，也看你是掌握恐懼，還是拱手讓恐懼控制你。我自己的狀況是這樣的：我發現隨著時間的流逝，我所害怕的事物正以一種失控的速度在增加，因此我才決定要寫這本書。我想知道究竟為什麼，自己會從可以直接抓起玩具沙盒裡的沙子大快朵頤的小女孩，長成一個沒辦法碰公共廁所把手的年輕人（這樣寫讓我感覺自己沒那麼老），要是碰了，還會恐慌發作 * 一會兒，深怕自己碰到什麼極致命的病毒。

---

* 我的這股恐懼漸漸長成一種深深的焦慮，慢慢把我整個人給徹底吞噬（想知道恐懼可以如何失控，請見第 4 章）。

這是我，

外表看起來超冷靜，

但內心其實快被焦慮逼死，

正在尖叫中。

簡單說說
我自己恒什麼

在我的生命中，恐懼曾用很多不同的面貌出現在我眼前。

有一段時間，恐懼看起來是我激烈的氣喘發作，嚴重到我沒辦法呼吸。所以小時候，我的嘴巴裡總是一直有泛得林 * 的味道，有藥味，也有想哭的味道。這時我就會吃口香糖，但那味道通常也不太持久，很快就變得索然無味。我也會偷摸些糕點來吃，或是從褓姆珍妮那裡偷走一些葡萄口味的棒棒糖。那是她在附近雜貨店買的，要用來獎勵我把湯全部喝完。我小時候很乖啦，莫名其妙發脾氣也不會亂咬褓姆的——因為我就是這樣一個好孩子。

（我是不記得自己咬過珍妮，但長大後，她給我看她背上的疤，我的齒痕呈現不規則形狀，像一座鑲在她皮膚上的溫水湖泊。然後她跟我說：「那時候越是叫妳不要咬，妳就會咬得越大力。」

我則哈哈大笑地說：「原來我是鱷魚喔？」

但珍妮沒笑。）

---

* 譯註。 albuterol，是氣喘發作時使用的噴霧劑成分，台灣常用通稱為泛得林。

我也記得自己半夜常常醒來跑去我媽房間，一方面因為做惡夢而怕得要死，另一方面也怕我媽睡一睡就真的死掉了，所以非得去看一下她是不是還活著。當下我的氣喘不會發作——而是要等到2、3天以後，氣喘才會沒來由地、莫名其妙地爆發，像是在我睡到一半、在看書，不然就是在游泳池裡跟我弟當水中偵探或扮演海神的時候。

　　當時的我並不知道，「氣喘」只是恐懼戴的面具，直到後來氣喘不再發作，但是那恐懼卻陰魂不散，還在我心裡頭越長越大。

　　長大以後，我的這隻恐懼怪獸變形成「怕自己吐」。還記得有一次，我睡到一半突然醒來狂吐猛吐，還吐在我的《風中奇緣》（Pocahontas）地毯上。然後我哭啊喊啊：「媽，我吐了！」一邊跑去房間找她，一副嘔吐是人生中可能發生的最恐怖事件。我則覺得自己既是這起駭人刑事案件的兇手，也是受害者。在那之後，我怕自己再吐，怕到精神耗弱，開始不願意睡在原本睡的那一側床上，也會在搭校車時把頭伸出窗外，以免自己聞到任何怪味，還會趁別人不注意的時候，猛灌胃藥發泡錠飲，為的就是確保自己不會再吐一次。

　　直到幾年前，我在看漫畫《霸子・辛普森的人生指南》（Bart Simpson's Guide to Life）（辛普森漫畫一直是我青少年歲月的底色），這才發現，原來我的怕不只是怕，而是一種恐懼症，它甚至還有個名字——嘔吐恐懼症（emetophobia）。原來我心裡那糾纏成一坨黑暗的部分是有名字的，這也表示，那坨黑暗並不是我的一部分，而是一種超乎我的存在。原來我並不孤單！

　　其實恐懼症不會只是表面上看起來的樣子，底下通常還會藏著其他更深層、更強烈的恐懼，或者是一些還沒處理過的情緒，而這些情緒在轉化成別的形式後，找到縫隙逃出了身體。就像我的嘔吐恐懼症

不只是怕自己吐而已——而是害怕自己失控、怕自己崩潰、怕自己會變得超級脆弱。幸好我及時了解到這個道理，所以沒有困在這座自己鑄造的牢籠裡太久。構成這座牢籠的不是鐵欄杆，而是逃避、癡狂、強迫、儀式性的行為。

從小時候怕自己氣喘發作，然後怕自己吐，到後來怕自己發瘋或死於空難，我心底的恐懼曾戴過很多不同的面具，曾裝扮成很多不同的樣貌，卻從來沒有消失過。恐懼像是個謎樣難解的跟班，一直尾隨著我。恐懼也許源自於人類的一種生存機制，或許是種古老的生物反應，抑或我遺傳的基因裡就是有這一塊。恐懼也可能是可以教我學習勇敢、學著信任的朋友，也可能恐懼就是在那，沒有為什麼。

恐懼是種很難克服的棘手東西。所以當 27 歲的我，坐在某位身心科醫師整潔又無菌的診間裡，醫生又一臉既擔心又憐憫地看著我時，我以為自己已經沒救了。醫生告訴我：「妳罹患的是廣泛性焦慮症，而且病況因合併特定場所恐懼症而加劇，妳同時也有對特定事物的恐懼症。」然後她開了一些藥給我，並說這些藥會在兩周後見效。「妳一開始可能會不太舒服，這是很正常的。不過很快就會好一點的。」她說。

而醫生對於所謂「不太舒服」「很快」的定義，顯然是過於樂觀了，因為我根本就覺得自己快死了。但我還是熬過來了。

我不知道是靠哪來的勇氣撐過去的，大概是某個我從來不知道的自己吧。而我之所以不知道有這個部分的自己存在，並不是因為看不到，而是我從來沒有承認過它的存在。在那段日子裡，我成功把自己拖下床，把本來已經糊成一片的生活重新歸位，也定期每周回診一次。就這樣，如此延續了 5 個月之久。

經歷過這些我才發現，原來療癒就是好好體會自己的感受。因此擁抱這些痛楚，並不會讓我覺得丟臉。在這段過程中，我用全身每一寸皮膚去感受童年吞下的痛苦，正視那些曾經殘酷地、巧妙地、心機很重地傷害過我的事物，而且是直直地正眼看進去，沒有跳過傷痛中的任何一個角落。我在苦痛之中細細漫遊。最後，我痊癒了。焦慮就這樣不見了，而胸口中的黑暗也就這樣消失了，我終於有辦法再次看見自己生活的樣貌與其中的點點滴滴。

「我想，是時候為自己的生活找點新意義了。」在某次晤談時我這樣說，而我的心理師則回我：「可以把這句話寫下來，貼在牆上之類的。」當時我說好，但後來我並沒有這麼做。

因為最後，我把這一切些寫成了這本書。

這本書裡有什麼

我將在本書中由內而外深入探索千變萬化的恐懼，了解它為何如此善於偽裝、有什麼特性，又為何如此複雜難解。要了解恐懼，就得先摘下它戴著的那頂面具，而這就是本書希望能幫你做到的事情。畢竟在我們這個年代，恐懼就像是阿飄一樣，總是鬼鬼祟祟地在角落飄來飄去。所以我想我們可以邀請恐懼到陽光底下，讓我們瞧瞧。這樣，恐懼可能就不會那麼可怕了吧？

在接下來的篇章裡，你將會了解自己心中的恐懼是怎麼來的，並學會如何和恐懼聊聊天，然後引導它們前往該去的地方；你也會讀到，要是恐懼失控，進而發展成恐懼症，會是怎樣的狀況；更會學到怎麼辨識自己當下的情況，以及好好因應的方法。

這本書從頭到尾都會請你寫下或畫出一些跟自己恐懼有關的東西。因為這麼做，可以幫助你注意到恐懼的存在，也比較能形容恐懼的樣貌。這是件很重要的事，正如「恐怖教父」史蒂芬·金（Stephen King）所說的：「能描述出來的恐懼，才是征服得了的恐懼。」

接下來這個深刻投入探索自己內心恐懼的任務，可能會很令人氣餒，有時候甚至還有點痛苦，更伴隨著一點害怕。不過任務結束以後，你就會有被我稱作「戰勝恐懼應援團」的藝術家與作家朋友的作品相伴了。你會記得，這條路上你並不是一個人，因為你有我們。

準備好了嗎？很好，就讓我們從一個小測驗開始吧……

恐懼檢測

這個測驗可以幫助你，了解自己每天承受了多少恐懼。

Q1：對你來說，底下這 3 張圖哪張比較恐怖？

好痛！

嗚～

電量剩 4 %

Q2：你害怕以下幾件事嗎？

a. 永遠找不到一生摯愛而孤獨終老（或是找到後卻失去對方）。

b. 夢想還沒實現就先死掉。

c. 不小心把截圖傳錯人。

d. 半夜醒來，看到你媽打來的 20 通未接來電。

e. 以上皆是。

Q3：你曾經因為不知道分手或換工作後會發生什麼事，或是怕自己找不到更好的對象或工作，所以不敢提分手或離職嗎？

　　a. 有啊。

　　b. 沒耶。

　　c. 應該是有，但實在是太丟臉了，我不想承認。

Q4：對你來說，寂寞是……？

　　a. 警察樂隊（The Police）的一首歌。

　　b. 我阿姨的代名詞。

　　c. 地表上最恐怖的東西。

　　d. 一種富足充實的狀態。

　　e. 有了 Netflix 就再也不怕的東西（或是根本不存在的東西）。

Q5：對你來說，這個故事有多恐怖？

　　「從前從前，有個名叫亞瑟的男子。為了追夢成為網路上的占星大師，他辭掉一間貼紙公司營運長的工作，一份有勞保的穩定工作。就在砸下畢生積蓄之後，亞瑟失敗了（一部分是因為他太不了解社群平台的運作方式，另一部分則是因為做了以後才發現，自己對占星其實沒那麼有熱情）。身無分文的亞瑟只好和他的狗狗辛蒂（當然是因為超模辛蒂·克勞馥〔Cindy Crawford〕取的名字）一起搬回去爸媽家住，想辦法東山再起。」

　　a. 滿恐怖。

　　b. 超恐怖。

　　c. 哪裡恐怖。

　　d. 嚇到脫褲。

Q6：以下哪個選項對你來說最可怕？

    a. 墜入情網。

    b. 掉出情網。

    c. 成功。

    d. 失敗。

    e. 長大。

    f. 公司會計師的臉。

    g. 以上皆是。

Q7：以下哪個是你會做的惡夢？

    a. 上台發言。

    b. 每天看牙醫。

    c. 遭遇空難。

    d. 去看醫生然後被打 100 次針。

    e. 需要打電話給完全無法解決問題的電信業者，光想到就讓你覺得自己下一秒就要抓狂暴怒。

解答

以上問題中，無論你的答案是什麼，可能多多少少還是有些事情會讓你害怕，或者其實是超級無敵怕。不過無論你有多怕都大可放心，因為這麼怕的不只有你而已。重要的是我們要學會形容自己心裡的那個恐懼，才有辦法面對它，最後與之共存。

在芮氏恐懼量表＊中，被列為「極小」等級的恐懼是最好對付的（像是怕被紙割到手，怕咬到舌頭）；而被列為「災難」等級的恐懼，則是最難應付的（像是怕寂寞、怕忘了存檔、怕找不回來自己這輩子寫過的所有東西、怕失敗）。

你可以用右邊這個圖表，來為自己害怕的事物排名：

依恐怖程度來幫自己害怕的事物排名，可以幫助你了解恐懼運作的方式。通常你最怕的東西，就是跟著你最久的恐懼，也常常可怕到你完全不想去對付它——而是不要去想就好了。這我懂，因為我也是這樣。

其他小害怕、小恐懼也是有大有小，它們不會對你有同樣的作用和影響力，而且可能是比較最近才出現的。而這些小害怕、小恐懼，因為還沒有扎根在你的身體裡，所以也比較容易解決並根除。

所以閱讀本書的同時，你可以先把目標放在那些小害怕、小恐懼，一步步練習讓自己變得更強壯，之後才有辦法面對更大的恐懼。先消除這些小嘍囉對你的影響力，會讓你更有信心迎戰災難等級的恐懼。

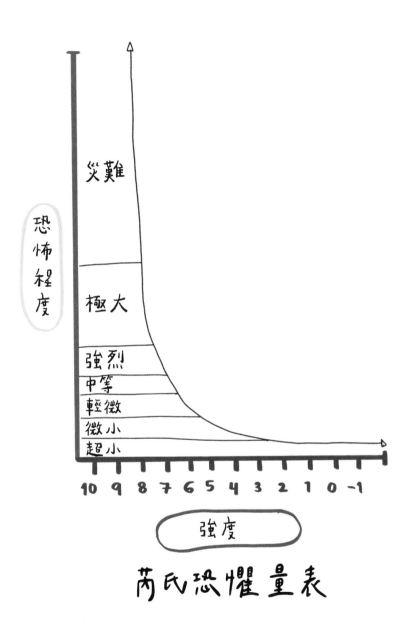

恐怖程度

災難

極大

強烈
中等
輕微
微小
超小

10 9 8 7 6 5 4 3 2 1 0 -1

強度

芮氏恐懼量表

---

* 這個量表是我發明的,和地震學家芮克特(Charles Francis Richter)毫無瓜葛,不過恐慌發作起來,的確很像是發生地震。

戰勝恐懼應援團

瑪莉亞・路絡
（Maria Luque）

CHAPTER 1

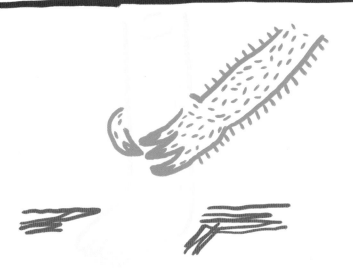

恐懼 打哪來

「那邊張開的蜘蛛網
就是我心中張開的那張網，
在頭上鳴叫的那些鳥
就是我心中飼養的鳥。」
—— 《海邊的卡夫卡》(海辺のカフカ)

村上春樹

作家
馬拉松跑者
文青偶像

怕人際互動

這瓶清潔劑可以清掉他牌
都無法根除的那 1% 細菌

應該不需要我為各位介紹恐懼吧——應該人人都害怕過，也知道恐懼會怎麼蔓延。有的時候是鬼鬼祟祟，有的時候還會突然殺得我們措手不及，讓人驚覺原來自己逃跑時可以跑得這麼快。我們都知道，整個人被恐懼挾持時是什麼感覺，也知道恐懼可以讓時間停止，更可以讓你的心思被最糟糕的下場占據。

而恐懼也滿了解我們的。

恐懼很清楚什麼會引發恐懼，也很知道如何潛入我們的皮膚底下，然後暫時或相對永久地住下來。但我們了解恐懼嗎？以我的經驗來看，我是覺得大家都不太了解，或者說是完全不了解（除非你是史蒂芬・金）。

所以，希望這本書可以多多少少幫助你再多明白恐懼一點——甚至比恐懼自己更清楚。

什麼是恐懼？

我媽說

恐懼就是你大喊：「媽，妳過來幫我一下，趕快！」我問：「什麼事啊？」然後你說：「喔，沒事啦！媽，只是我寫書寫得有點卡。」

妮娜‧西蒙（Nina Simone）

自由的相反，就是恐懼。

歐普拉（Oprah Winfrey）

不就是那個你摘下來以後，才找得到勇氣的面具嗎。

我的心理師說

有時候恐懼比較是一種生理反應，而不是心理反應。而恐懼是大腦顳葉中，邊緣系統裡的杏仁核收到了警告訊號所致。

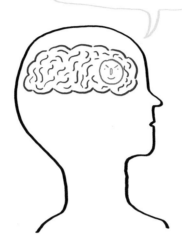

哈囉！我叫杏仁核，不過我的朋友們都會帶感情地叫我「撒旦」。

（我自行修飾一下的）維基百科說

　　恐懼是在我們感覺自己有危險時，身體所產生的一種強烈、令人不適的感受。而所謂的危險可能是真正的危險，也可能只是「你覺得危險」；可能是出現在當下的危險，也可能是未來才會遇到的危險，甚至是發生在過去的危險。

　　恐懼是人類基本情緒的一種，源自於我們規避風險或威脅的天性。許多動物都有恐懼這種情緒，人類當然也不例外。

　　表現到極致的恐懼就是恐怖。另外，恐懼也常和焦慮有關。

佛洛伊德說

恐懼有兩種：

1. 真實的恐懼

當一個人感覺害怕的程度，和他所受的威脅強度相符的時候。

2. 神經質恐懼

當一個人感覺害怕的程度，和他所受的威脅強度毫無關聯的時候。

別咬指甲了！把恐懼變成你的超能力！

非正式調查
親朋好友、社群鄉民
他們這樣說……

恐懼，是某個被我自己捏造出來後，就真的信了的東西。

——angelatcomunica

恐懼，是一個人在房間裡和一隻會飛的蟑螂獨處。

——我阿姨，瑪莉亞·尤金妮亞（María Eugenia）

恐懼，是當你得到一個想要超久的東西後，卻發現自己不配擁有。

——caffetina

恐懼，是當女友跟我說：「我覺得我們需要談談。」　　——alee_s17

恐懼，是清潔劑包裝上表示此產品可除去 99% 的細菌，我心想那剩下的 1% 怎麼辦呢？　　　　　　——艾莉卡·古提耶茲 (Erika Gutiérrez)

恐懼，是當我最需要相信自己時，卻做不到。　　——samichammas

恐懼，是當你開車時把窗戶打開，有隻禿鷹突然靠得超近，近到幾乎成為副駕、近到感覺牠就要開始狂啄，啄到把你變成有超能力的禿鷹人為止（就像蜘蛛人那樣）。

——Anamumu

恐懼會存在，有時候就只是因為你太懶了，才會放任它一直長、一直長。

——subtleways1

恐懼，就像挖了一匙冰淇淋想放在甜筒上，卻一直放不好、放不穩的那種感覺，會讓你焦慮到不知道是該舔一口、咬一口，還是死死算了。

——danielmoralesa

恐懼，是跌倒後，大家都在笑你。

——《小小蜘蛛舞》（*The Itsy Bitsy Spider*）

請寫下你對恐懼的定義。像我媽、歐普拉、妮娜‧西蒙一樣。

恐懼，又稱畏懼（phobia），這個詞源自於希臘文中的恐懼之神佛波斯（phobos）。

別咬指甲了！把恐懼變成你的超能力！

恐懼小百科

要摘下恐懼的面具,可以從理解恐懼怎麼來、恐懼怎麼運作的開始。

佛洛伊德說

恐懼的歷史和人類一樣老。史前時代的人們當然不怕政府,也不怕氣候變遷,更不怕不小心把手機截圖傳錯人這種事,他們怕的是天打雷劈與暴風雨。也就是說,恐懼(以及我們怎麼看待恐懼)是受時代氛圍與環境影響的,就像我們對「愛」的看法也是如此。所以為了更了解恐懼,一起來看看不同時代的人都是怎麼看待恐懼的吧!

亞里斯多德認為,恐懼就是自信的相反,而人們可以透過做良善的事來克服恐懼(例如做個大方、堅強、有自信的好人。亞里斯多德

亞里斯多德

認為，專心做個好人，就會自然而然做出對的事情）。然而他也認為，會害怕則表示那個人的生活過得算是平衡，都沒在怕的人可以說是瘋了。

中世紀的人都在怕什麼

中世紀的時候，人們並不認為恐懼是種由情緒、發生的事所引發的感受。他們相信恐懼是人體內「4 種體液」不平衡時，造成的反應。

可怕的修女

後來，人們發現就算「放血」也沒有辦法放掉「多餘的體液」，才改變了他們對恐懼的想法。

4種體液學說圖表

體液	對應氣質表現	行為
血液	勇敢	熱心助人
黃膽汁	易怒	頤指氣使
黑膽汁	憂鬱	躲躲藏藏
黏液	冷漠	沉穩內斂

所以從這張圖表看來，當你又開始懷疑起人生，就可以告訴自己：
「我不是什麼膽小鬼，只不過是黑膽汁太多了而已。」

18 世紀的人恒什麼

怕死

怕下地獄

怕被詛咒

怕打仗

族繁不及備載的各種怕，由神
聖的天主教教會熱情贊助

別咬指甲了！把恐懼變成你的超能力！

19 及 20 世紀的人怕什麼

怕被活埋

怕看不見的細菌或病毒，會害
我們得到什麼致命的疾病

怕天災

怕外星人入侵地球

怕得到讓身體功能退化的疾病，
像癌症或愛滋病

這個則是到現在大家都還在怕。
還真是多虧某些國家的領導人了。
不用我說，你也知道是誰吧。

怕核武戰爭

小提醒：是說，都已經 21 世紀了，但上述所有東西，我現在還是怕。尤其是怕被詛咒 *，這可是我最最最怕的東西。是因為我是拉丁人嗎？是因為對一位拉丁媽媽來說，所有會發生在人身上的壞事，都可以怪罪在惡靈上嗎？沒錯。不過，我知道這只是迷信嗎？當然。但知道能讓我比較不怕嗎？完全不會呢！我會不會因為說了這些東西就被詛咒啊？別啊，求求各位懂巫術法術、充滿創造力的大哥大姐們，饒了我吧。但為了預防萬一，我還是要在這裡我召喚恆久遠保護我的「聖本篤」（Saint Benedict，被譽為西方隱修制度始祖）和我敬愛的「莎麗娜」（Selena，90 年代拉丁流行天后）。

莎麗娜

聖本篤

---

* 我所謂的被詛咒，不是點點蠟燭或送你愛的魔咒，而是會用羊血加人的頭髮和墓園的土來下蠱，很暗黑的那種詛咒。

要是你和我怕一樣的東西，或是你才因為跟會巫術的人分手而得到邪惡之眼的話，這兩張圖像會好好保護你，不讓任何壞事發生在你身上。

　　如果你不知道聖本篤和莎麗娜是哪位，別擔心。請在這裡畫出或寫下「任何會給予你天堂般的保護，免於你受到任何邪惡力量侵擾」的人、聖者、真言咒語，或是任何東西。

膽小鬼之史

很多勇敢的人，也都怕過一些滿令人毛骨悚然的東西。

小提醒：請善用底下這個清單。當你覺得自己怎麼這麼膽小，竟然連 ＿＿＿＿＿＿（請寫下自己怕的東西）也怕。看看歐普拉，她怕的竟然是口香糖，口香糖耶！

西格蒙德・佛洛伊德
(Sigmund Freud)

怕火車

亞佛烈德・希區考克
(Alfred Hitchcock)

怕蛋

歐普拉·溫弗蕾
(Oprah Winfrey)

怕口香糖

拿破崙·波拿巴
(Napoleon Bonaparte)

怕貓

雪兒
(Cher)

琥碧·戈柏
(Whoopi Goldberg)

怕搭飛機

彼得潘（Peter Pan）
（和我這一輩的多數人）

怕長大

妮可・基嫚
（Nicole Kidman）

怕蝴蝶

珍妮佛・勞倫斯
（Jennifer Lawrence）

怕茲卡病毒

男性恐懼史

歷史上，幾乎都把恐懼視為一種只有女性才會有的情緒。因為女人啊——真是又脆弱又敏感，只要察覺到意料之外的危險（像是在客廳看書突然出現一隻蟲之類的）就會嚇得發抖；而男人啊——則是既堅強勇敢又大膽，似乎完全不知道什麼叫害怕。

這完全是父權體制造成的誤解，不只在女性身上貼了「情緒化又毫無理智可言」的標籤，同時也逼迫男性不准有任何情緒，甚至連怕都不許怕。

然而（抱歉親愛的父權體制，你猖獗太久囉），男性也是會害怕的（也會哭）。現在可以假裝你超級震驚、超級驚訝。如果你不相信我的話，可以問我的表兄弟荷塞·菲力克斯（José Félix），他每次看到老鼠都會失控尖叫；也可以問我的叔叔佩佩（Tío Pepe），他因為太害怕投入一段關係而孤獨終老（RIP，佩佩）。

以下是我從身邊男性搜集到的第一手恐懼，皆以他們的原話呈現在此：

· 怕自己因為跟多數人不一樣而被揍。

· 怕自己害怕。

· 怕床上表現不好。

· 怕墜入情網，也怕心碎。

- 怕面對自己真實的感受，因為很怕在別人面前顯露出自己的脆弱。

- 怕殭屍。

- 怕自己永遠不知道怎麼愛別人比愛自己還多。

- 怕整個人壞掉失能，還有與之伴隨而來的情緒、關係破裂等。

- 怕被拒絕。

- 怕愛得太深。

- 怕像影集《黑鏡》（*Black Mirror*）那樣的社會。

- 怕寂寞，有天發現自己已經老了，卻還是一個人。

呼吸。用胸腔呼吸。

急促地呼吸。

吸氣。

吐氣。

就算你覺得自己胸口上坐了一頭大象，也還是繼續呼吸。

大家都跟你說沒事啦，一切都會好好的。即便如此，人潮還是繼續進到大禮堂來，走到你的面前停下。因為他們都是來看你的，要看你在台上的表現。他們可都是付錢進來的，所以你要好好表現啊。大家要看到冷靜的你、說話流暢的你，其實只需要付幾個銅板就夠了。

大家都跟你說沒事啦，一切都會好好的。但說些根本就沒用，所以你把手插進口袋裡，這樣就沒有人會看到你手抖得多厲害。

這股恐懼，這個被他們稱作怯場的東西，其實跟怕死滿像的。這是一種演化殘留的東西，是你體內那個原始的自己，正在準備迎向戰鬥或轉身逃跑。所以肌肉緊繃，準備好要丟石頭或逃離現場。所以瞳孔放大，像個盤子那麼大。我的眼神望向遠方的地平線，看好自己稍後的逃生路線，逃離後方等著要把我吃掉的劍齒虎。我眼前所有的一切——都像是那張我等一下要唸的稿子——模糊成了一團。

大家都跟我說沒事啦，一切都會好好的，但我還是衝向廁所了。我已經練習過夠多次，真的唸超多次了。這一切只是生理反應，只是身體誤會什麼罷了。我要站上去的那個舞台，並不會真的發生什麼很可怕的事情，但我的身體卻深信自己就要被某個野生動物獵捕了。我試著哄騙自己的身體，跟我的身體講道理。

我呼吸，我正在呼吸，試著透過鼻子吸氣。我吸氣，我吐氣。我要自己站得像神力女超人一樣——雙腳微開，手叉腰——告訴我的身體沒事，一切都在掌控之中，一切都會沒事的。但身體卻用噁心想吐來回應。

然後我就得上台了，就得走進塞滿劍齒虎的大禮堂了。我說嗨。我說今天很高興來到這裡。

我說高興。

這下恐懼就被對折了，

對折對折，再對折，

直到最後，恐懼小到可以被我收進口袋裡。

戰勝恐懼應援團

亞歷山卓‧哥梅 － 杜淦
(Alejandro Gómez-Dugand)

剖析恐懼的生理與情緒

　　恐懼會影響我們的生理與情緒狀態，這就是強烈的恐懼能掌控你身體的原因。

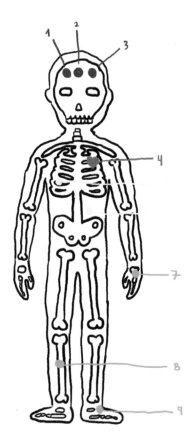

某個快被嚇死的人，
體內狀態長這樣

1. 感知到威脅後，大腦會發出訊號，讓全身進入警戒狀態。恐懼是種超不舒服的感覺，但同時也會賦予我們超能力——是真的會，不是說說而已。因為當一個人快被嚇死時，奔流在血管內的腎上腺素，真的強到可以讓人舉起一輛車或是一溜煙就跑不見。

2. 這時，腦中也會湧現各種和恐懼有關的回憶。

3. 在心理與情緒層面上，也會出現差不多像這樣的自言自語：我到底為什麼要答應來演講。我快要昏倒了。我的腦子很快就會變得一片空白。我心跳到心臟都快跳出來了。我的手汗會狂流，流到我整個人脫水。我快死了。我用對媽媽的愛發誓，我這輩子再也不會做這種事了。我得想辦法逃離這個地方。

4. 心臟是還沒跳出來，但應該快了。因為腎上腺素和可體松（皮質醇）的關係，人的心跳會加速。

5. 呼吸也會加速，肺部的容量則會很弔詭地增加。

6. 胃快不行了（但事實上沒有，只是這個人感覺胃快要不行了而已），極度的恐懼可能會讓胃部感到不適、噁心，甚至想吐。

7. 這時候，人也會開始瘋狂流汗、劇烈顫抖，尤其是雙手。

8. 大腦會加速由心臟送往雙腳的血流，讓這個人可以在需要逃命時快速奔跑。有些人則會遇上如巫術般的狀況，雙腿一軟無法動彈。

9. 此時人類在心智、身體、精神層面上，都已經準備好要起身戰鬥、拔腿逃跑，或是按兵不動。

小提醒：無論是遇到生理上或情緒上的潛在危險時，人體都會啟動上面提到的機制。這也是為什麼心碎的感覺，會和你在開放水域裡遇到大白鯊一樣恐怖的原因（甚至更可怕）。

恐懼的出生

　　因恐懼產生的身體感覺，其實每個人都差不多。不過恐懼所引發的情緒反應，以及對心理所造成的效應倒是因人而異。

　　我們大部分的恐懼通常源自於自己的回憶、一些自己沒辦法控制的事情，或是一些神祕到自己無法了解的東西。

回憶

敵人在此

　　舉例來說：我最愛的表弟在 6 歲時，被我阿姨瑪莉亞‧尤金妮亞的貴賓犬咬了一口。所以直到今天，他都還是很怕狗 *。

---

* 那次我也在，但我沒有去救他，因為我忙著吃那隻狗的飼料（還記得牠叫班吉），因為牠的飼料實在太香了。是說，狗食吃起來的味道，跟聞起來很不一樣。

一些沒辦法控制的事

大海

別人愛不愛我

龍捲風（情緒或大自然
中的龍捲風都是）

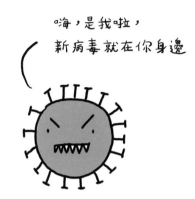

威脅要把世界變成
葛妮絲‧派特洛（Gwyneth Paltrow）
那部電影的詭異新病毒

心想的事究竟會不會成

當今的政治局面

幾乎所有的恐懼，都是我們為了避免發生可怕事情而出現的反應。而一件事情可不可怕，則是依據過去發生在自己身上的負面經驗來進行判斷，或是基於自己有沒有足夠的能力掌控情況來決定。所以，恐懼比較是存在於腦袋裡面，而不是外面。

因此真正可怕的東西，不是被毒蛇咬半分鐘就斃命，也不是地震或外星人入侵，更不是世界末日。真正可怕的東西是恐懼本身，它能奪走我們思考的能力，從而癱瘓我們，進而消滅我們。

可怕的是，在害怕的時候，會沒辦法做一大堆事情；可怕的是，那個自己營造出來的寧靜；可怕的是，為了不要面對任何人事物，甚至不想要面對自己時，開始狂抄捷徑；可怕的是，恐懼成了障礙、成了陷阱、成了藉口。

而當我們因此變得疑神疑鬼、疑心病很重，就會隨時隨地都在搜尋徵兆，找尋能證實心中猜疑的跡象，證實我們的不安與妄想的線索。

神祕難解的人類心智

也就是人稱的非理性恐懼，
或是恐懼症。

喵嗚！嗨，我今天要來抓你的臉，
然後把你殺了。

懼貓症（怕貓）

情緒考古

是時候好好善用一下回憶囉！以下這個活動，好處是它是一個滿好的用腦練習，壞處是你得對自己過去的感受，進行歷史性的重建工作。你可以透過挖掘自己記憶的深處，來追溯最深的恐懼最早曾在哪個時間點出現，又是如何出現在你的人生之中。當你隱約想起某個時刻後（別擔心，不用太精確也行），試著描述一下那段日子裡還有發生過什麼事情。你還記得自己當時的感受嗎？當時你人在哪？和自己的家人在一起嗎？回答這些問題將幫助你更了解自己獨有的恐懼，也會讓你更有辦法對付它。

請在這裡寫下或畫出造成恐懼的往事：

没了（暫時而已）

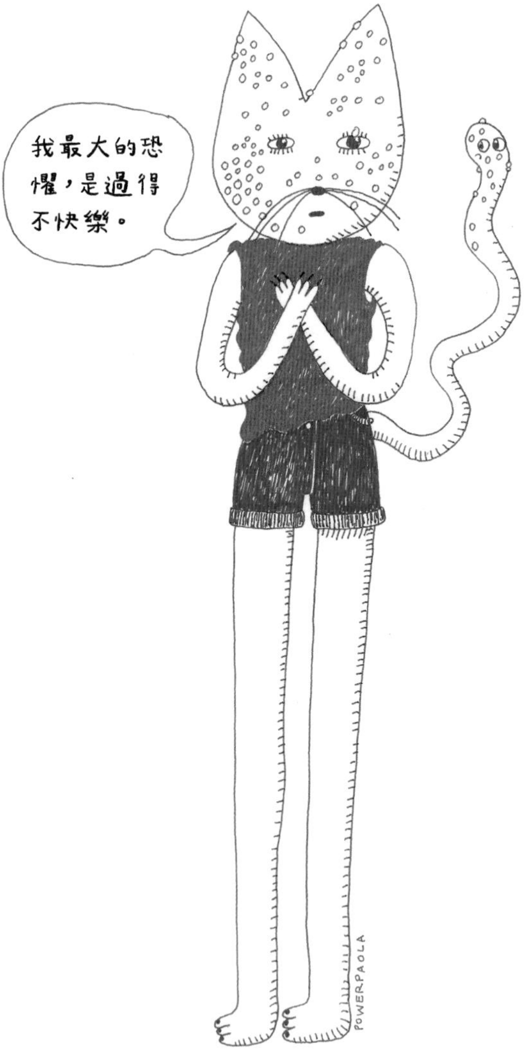
我最大的恐懼，是過得不快樂。
POWERPAOLA

戰勝恐懼應援團

帕溫・帕歐拉

(Power Paloa)

CHAPTER 2

床底下的怪物，
和那些大家
都恒的東西

怪物都是真的，鬼也是真的，
它們都活在我們心裡。
而且有的時候，還會戰勝我們。
——《鬼店》(*The Shining*) 序文

史蒂芬‧金 (Stephen King)

作家
恐怖教父

怕失憶／發瘋

我們第一次接觸到恐懼都是在小時候。在那個隨時擔心自己會被鬼抓走，或是被鵝突襲就要趕快跑的年代*。

不過心中的恐懼是跟著我們一起長大進化的。有些恐懼會永永遠遠留下來，有些變臉繼續存在，有些則會隨著時間越長越大。要揭開怪物的真面目，進而征服並奪走牠們的影響力，就得要好好地了解那個曾經住在我們床底下的怪物，還有那些到現在都還活得好好的恐懼怪物。

---

* 如果你這輩子從來沒有被鵝，或是被其他看起來很無害但其實超暴力的禽鳥類追過的話，那你真的非常幸運。這部分你可以替換成你比較有感的恐懼。

小時候就是怕這些

怕吞下種子後,
身體裡長出一棵樹。

怕一個人被忘在超市裡

怕小偷闖空門

怕手伸出車窗外會斷掉

怕水裡有鯊魚
（甚至是游泳池）

怕睡覺時會有蟲子
爬進自己開開的嘴巴裡

我很遺憾，
你女兒的腸子
黏在一起了

急診
醫師

不小心吞下口香糖後，
怕自己的腸子黏在一起

嘿！我會顯靈跟大家
聊天喔。跟鬼一樣，
耶伊！

怕聖母瑪麗亞
真的奇蹟般顯靈

現在倒是很恒這些

怕信用卡

怕跟情人分手

新年新希望

──明白自己的價值，
並非來自於自己
的產值

──變得更健康

──永遠不心碎

怕失去父母、家人、朋友

怕未來

怕承諾

這是一張椅子

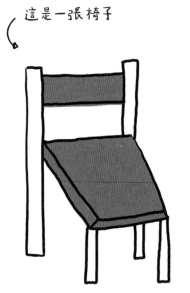

最爛插畫家大獎

怕失敗

這是地板

怕孤獨一人

怕被拒絕

你以前很恒的事情

現在應該知道要怎麼做了吧？請在這裡寫下或畫出你的恐懼：

_____

_____

_____

_____

_____

_____

_____

_____

_____

_____

_____

你現在很恆的事情

這裡也是囉。

_____

_____

_____

_____

_____

_____

_____

_____

_____

_____

我這輩子第一個自己做的決定是，我要可以看到光從房間窗簾透進來。我會說這是第一個，是因為當時其他事情我都不太記得了。除了我哥會拿獨立當藉口，把我驅逐出我們的房間，而我媽拿出各種藍色、紫色的色卡，問我牆壁要漆成什麼顏色。我對那 14 平方公尺的唯一要求就是：不要太暗。

　　而那和我之後人生歲月裡所做的許多決定一樣，其實對自己並不好。

　　不過如果窗外樹枝在窗簾上的倒影，不要長得那麼像敵人的爪子；如果照在波哥大街上的溫暖陽光可以馴服寒冷，我也不總是最後睡著的那個人，我可能就不會那麼害怕了。

　　我記得自己在發抖，也記得感覺像是花了好幾個小時，才總算有辦法爬進爸媽的被窩，同時不吵醒他們。我甚至記得自己試著輕輕躺在我媽的那一側，將自己的背貼著她的背，來感受一個活著的人、一個還在呼吸的人、一個在睡覺的人有多溫暖。我記得那個鬆了一口氣的感覺，然後才終於在她身旁睡著。

　　就算落在我窗上的影子是因為光才產生，現在的夜晚亦然，黑暗對我來說，就是象徵著無限的可能性：

　　所有我愛的人們，有可能睡著之後就再也醒不來；樹木有可能會用它們嶙峋的雙臂抓住我，緊緊地把我掐到窒息；我身邊的所有事物，有可能會在我閉上眼後就永遠消失不見；滿身是毛的毛毛蟲有可能會在我睡覺的時候，爬進我張得開開的嘴巴裡；爬進媽媽的被窩時，我有可能發現她的胸口不再起伏、不再呼吸。沒有人能保證在那片紫色的牆之外，我意識不清醒又都躺著的家人還活著。

　　直至今日，太陽還是每天升起，而伴隨黑暗而來的可能性也不總是那麼糟糕：原來人們可以靠得那麼近，透過眨眼的睫毛感覺另一個人的身體；原來我們可以不需要用眼睛，也能透過碰觸和皮膚去感覺；以及原來，黑暗還帶來了光。我這才明白，原來人不再活著的時候，跟閉上眼且無法感覺到內心一樣。因為，那就是黑暗。

戰勝恐懼應援團

亞歷山卓‧亞歌塔
(Alejandra Algorta)

恐懼的種類
（以及如何理解恐懼）

　　我們已經知道恐懼其實就在心裡，也知道自己怕的是什麼。所以，現在要來理解恐懼的背後帶有什麼意義。

　　接下來，將會讀到 6 種全人類共通的基本恐懼。這是卡爾 · 亞伯特（Karl Albrecht）說的（他把一生都貢獻在了解恐懼，明白恐懼怎麼運作，又會對人類造成什麼影響）。其中前 5 種都是由本能相應而生的恐懼，是所有人類都會感覺到的。第 6 種則是我發明的，還有網路。好啦，應該說是網路發明的。世上幾乎所有恐懼都可以歸到以下這幾種類別。從這些分類中，也可以追溯各種恐懼的根源。而一件令人害怕的事可能隸屬於其中一種，也可能是多種恐懼的混合體。

　　請務必記得，恐懼不只是可怕而已。因為在恐懼的背後，藏著的不只是令人痛苦的事物，同時也存在著很有力量的東西。我們永遠都可以從對恐懼的理解中，獲得智慧與力量。

1. 不,謝啦!我還是活著好了

恒滅亡

怕自己不在了,怕自己消失了,怕自己死掉了。在我們意識到自己活著的同時,這個恐懼就出現了,然後會一直陪著我們,直到生命結束的那一天。光是想到死亡,就會讓人類焦慮不堪,就算是那些嚷嚷著「怕死?算了吧,我才不怕哩。」的人也是。

如何辨識這個恐懼

這類恐懼會透過以下這些方式來偽裝自己:

媽,救命啊!

懼高

公共廁所

為了不要感染伊波拉病毒，使盡平衡技巧在沖馬桶的人

怕病菌、怕細菌、怕生病

不要再假裝待在會飛的巨大金屬殼裡，是多麼自然的事情了，哪裡自然了？！

怕搭飛機

2. 想想被碳冷凍的韓索羅*

怕失去自主性

怕被困住、被關起來、或像木乃伊一樣被捆綁起來。怕身體癱瘓、怕窒息、怕淹死。怕被某人掌握，或被外在環境中某種狀況、某件事情、某個疾病給控制，以至於無法從中脫身。

如何辨識這個恐懼

直接一點的說法是：

幽閉畏懼症
怕變老得再穿一次尿布
怕搭電梯

沒那麼直接的說法是：

怕失去經濟上的安全感
怕遇到不公平的老闆／不怎麼樣且令人無力的老闆

---

* 編按：《電影星際大戰》(Star Wars) 的景點場景。韓索羅遭到黑武士碳冷凍，變成人形般的黑色浮雕，完全無法動彈。

正解的詮釋是：

怕給出承諾

怕跟別人太親近

3. 張開雙臂

怕身體殘缺

　　怕自己身體的完整性會受到任何形式的破壞，像是斷了一隻手，少一個器官，或是失去某部分的身體功能。怕一隻腳不能走了，怕一隻手沒有感覺了，怕失去一根或不只一根手指頭。

　　以下是這種恐懼的一些表現方式。

如何辨識這個恐懼

怕蛇

怕蝙蝠

怕打針

怕昆蟲

怕手術

怕蜘蛛

4. 原生恐懼

怕分離

　　事情是這樣的：我們本來都快快樂樂地待在母親的子宮裡，然後有一天，我們出生了，之後就一輩子下意識地在子宮外找子宮（別看我，我這樣講是因為佛洛伊德這樣說，還有我迷戀自己的床、自己的被子）。因為這個恐懼是源自於人類出生後，就得和母親分開這件事，所以我把這個恐懼稱作「原生恐懼」。

如何辨識這個恐懼

　　像是怕被拒絕、怕被拋棄、怕斷了與他人情感上的連結等等，都是屬於原生恐懼。還有怕沒人愛、怕被一個人丟在路邊、怕自己得孤獨終老（大惡魔離我遠一點！）等等，也都屬於這類型的恐懼。

→ 布蕾·查（Blac Chyna）

嫉妒（對，這是種恐懼）

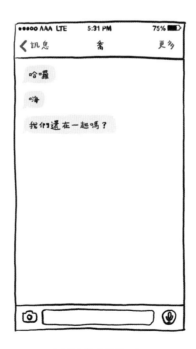

怕對象搞失蹤

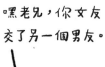

嘿老兄，你女友
交了另一個男友。

只要她不跟我分手，
就沒事。

《怪奇物語》

怕被拋棄

「我不懂愛，但你
不能怪我試著去
愛。」——海爾希

滴滴血淚

怕情緒崩潰

5. 我哪有問題，你才有問題

怕「自我」死去

所有使自我完整性遭受傷害、讓身分認同受損、抹滅你之所以為你的原因，或是動搖你對於自己是否值得、有沒有能力去愛與被愛的想法，以及威脅你與他人互相的尊重與欣賞，都屬於這種恐懼的範疇。

如何辨識這個恐懼

這種恐懼會讓你害怕被羞辱、怕丟臉，還會讓你怕自己被徹底否定，無論是被自己或被別人。

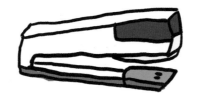

我被資遣了，但我要帶走這個釘書機，因為電影裡大家都這樣做。

怕丟飯碗

怕在人前說話

怕被霸凌／被騷擾

別咬指甲了！把恐懼變成你的超能力！

怕失敗

6. 截圖刪到死

新世代的恐懼

　　這種恐懼應該不需要解釋吧——拜社群媒體和智慧型手機所賜，我們每 3 分鐘就怕一次，而且有的時候連睡覺時都不放過我們。

　　這類恐懼還可以隨便你想怎麼解讀，就怎麼解讀。

怕自己手機或電腦上的鏡頭，
被駭客盜用在什麼情報工作上

通知：

你喜歡的那個女生，剛剛把你們的對話
截圖給她朋友，現在大家都在分析你們
聊天的內容了。

怕每次截圖時，簡訊通知都會突然跳出來

怕網路肉搜某人時，
不小心在對方 593 天超久以前的貼文上按讚

請寫下或畫出，你在這個新世紀裡最害怕的事情：

與恐懼共存

看到這裡，你大概覺得這本書應該叫做《恐懼大全》才對。

但事實上，這本書也談到如何撐過恐懼帶來的痛苦，而且並沒有你想像中那麼困難。

原因很簡單：要擺脫恐懼只有 2 個方法，先是充分並深刻地了解恐懼，再來就是坦承地與恐懼交流。

練習時間

在接下來的練習中，請做到以下幾件事：

· 以喝茶／喝咖啡／喝任何想拿來配恐懼的飲料的心情來進行。

· 放任最八卦的自己來刺探恐懼，得到很多關於恐懼的資訊。

· 問自己這樣的問題：發生什麼事情會讓恐懼出現？恐懼浮現時你有什麼感覺？什麼可以讓你冷靜下來？最可以讓你遠離恐懼的情況是什麼？是怎樣的情況會讓恐懼變得最恐怖？在你怕到極點的時候是什麼感覺？克服這個恐懼時，你通常又有什麼樣的感覺？

· 請寫下或畫出在這個過程中你學到的東西*。

　　根據前面獲得的資訊，試著用上述的分類方式來替自己的恐懼歸類。如此一來，就可以幫助你揭開恐懼背後的真面目（別忘了，恐懼是個難搞的傢伙）。

---

* 恐懼不僅超級自我中心，還非常誇張，更超會幻想災難。請試著不要太把注意力放在恐懼上頭，但請特別仔細聆聽它的聲音。別跟恐懼對著幹——而是試著讓它以為自己是對的，但你其實心裡很清楚，恐懼是錯的。

例如：

我跟「怕搭飛機的恐懼」，好好地一對一交談過，才發現引發那個「耶！嚇到你了吧？」的恐懼是亂流，尤其是非常輕微的亂流。只要飛機開始有點搖晃，我的恐懼就會開始無限上綱，開始想像飛機從空中墜落的樣子。即便我已經讀過千百次，知道這種事情是不可能發生的（亂流不會讓飛機掉下來），而且踩到香蕉皮滑倒致死的機率，比死在空難中的機率還高。要是出現輕微亂流，我的心跳就會漏一拍，然後開始流手汗；如果亂流開始變得更猖狂，我就會處在恐慌症發作前的彌留狀態，這種難過的處境會讓我整個人心神超級不寧。

根據前面恐懼的分類，才知道原來我怕搭飛機，是一種怕自己滅亡（怕自己死掉）加上怕失去自主性的表現（我最怕的其實是自己被焦慮牽著鼻子走，走到我整個人完全束手無策，然而矛盾的是，越怕反而讓自己越失控）。

練習時間

我最害怕的，就是所有恐懼統統一起來。　HEAIKITA 2017

戰勝恐懼應援團

赫莉基塔
(Herikita)

CHAPTER 3

恐懼的牢籠

恐懼會使人盲目，戴墨鏡的女孩說。
這話再實在不過了。
我們在失明的剎那前便早已看不見，
恐懼使我們盲目，也使我們繼續眼盲。

———《盲目》(*Blindness*)

喬賽·薩拉馬戈 (*Jose Saramago*)

作家
著名的無神論者

怕被世人遺忘

恐懼可以是人類因面臨威脅所產生的反應，既自然又很有幫助；但恐懼也可以成為牢籠，一座為了不要改變自己的習慣、不要追夢、不要掉入未知之中而細心建構的恐懼牢籠。要自廢武功的話，恐懼通常是最有效的做法，也是能成功保護自己待在舒適圈的方式，再偽裝成一切都是為了保持身心靈的健康（然而事實上，恐懼終將反過來咬我們一口）。

這種恐懼會癱瘓我們、綑綁我們，還會在耳邊悄悄地說著自己多屬害，屬害到沒人能征服。

那些統統都是騙人的。

因為太害怕
所以我還沒做的事

1. 受邀參加重要的文學活動並擔任與談人。（怕搭飛機）

2. 去看看哥倫比亞那些美麗的地標景點、去朋友的渡假小屋過周末，或從卡利開車去波哥大。（怕暈車）

3. 開口談自己的恐懼。（怕一說出口，那些可怕的事情會成真）

4. 對 P 先生說出自己被他忽視的感覺。（怕跟人正面對峙）

5. 老實地告訴 B 小姐，她的行為怎麼傷害到我。（怕展現自己的脆弱、怕反過來被嘲弄）

6. 跨越布魯克林大橋。（怕高、怕過馬路）

7. 吃生蠔、腦，或任何生肉做的食物。（怕自己會吐）

因為太害怕
所以你還沒做的事

1. _____

2. _____

3. _____

4. _____

5. _____

要是阿拉丁的神燈精靈出現在我面前，我完全知道自己要許什麼願望。可惜的是，在我的願望清單上，你應該不會看到什麼「守護人類尊嚴自主權和社會正義」之類的東西；也不會是「讓世上的領導人都能無限暢看身心治療」；更不會看到我許願要間「塞滿柯基的房子」，讓我每天都心情大好；我也沒有許願完全治好我的蜂窩性組織炎，這個從我 12 歲起就跟著我的麻煩。我想跟神燈精靈許的願望，比上述的都簡單許多：我想要成為在飛機上，一坐上椅子就可以睡著的那種人。

　　以下是一系列因為太怕搭飛機，所以還沒做的事情：

　　去麥德林參加詩歌節、去墨西哥交換一個學期、和朋友去那些看起來像天堂的小島渡假、去澳洲玩。

　　以下是一系列為了不要再怕搭飛機，而做過的事：

　　從 20 歲開始接受心理治療、接受靈氣療法（Reiki）、催眠、接受心理分析、服用過量的暈機藥、服用過量的威士忌、靜坐。

　　以下是一系列有效讓我不再怕搭飛機的方法：

　　一個也沒有。

　　這個恐懼可說是跟我一起長大的。因為現在的我已經不會逃避搭飛機，而是逼我自己上去，不管心裡多不舒服。在飛機上，的確有時候可以像空服員在起飛時說的那樣，真正放鬆並享受整段航程，並為飛行這件奇蹟本身感到不可思議；但也有些時候，只是一點點的小亂流就可以讓我整個人進入警戒狀態，然後開始呼吸急促，手汗也失控狂流；甚至有些時候，光是飛機起飛就可以把我嚇得半死；還有些時候，我會想像飛機是隻巨大的鳥，把我整個人完整吞進肚子裡帶著我飛。飛機降落時，偶爾我會十分享受鳥瞰每座城市獨特的景象——墨西哥城像是一波波的混凝土浪，在沙漠裡乘風破浪，波哥大則像是片綠色莽原中的拼接被子——與此同時，飛機降落也讓我徹頭徹尾地痛不欲生。曾經，我在飛機上根本沒辦法專心看電影，但現在如果有些文藝愛情片可以看的話，就有辦法讓我在搭飛機的過程中冷靜一點。

　　所以我在想，要是能夠一上飛機就睡著，這股怕搭飛機的恐懼應該是會和緩一些。只不過，這件事倒是完完全全從來沒有發生在我身上過。

戰勝恐懼應援團

葛洛莉雅·蘇珊娜·艾斯基維
(Gloria Susana Esquivel)

恐懼讓人自廢武功

恐懼的牢籠會創造出惡性循環，讓人越來越怕。

這個惡循環就像是蛇在吃自己的尾巴，不斷用恐懼餵養恐懼。而且正因如此，我們才會這麼容易被關在恐懼的牢籠裡。

好消息是：要出來也很容易。恐懼是個很厲害的魔術師，不過魔術這種東西就是這樣，一旦知道把戲背後耍的是什麼招數，就一點也不魔幻了。

不敢完成夢想／怕失敗

導致

自廢武功
・找藉口
・拖拖拉拉
・花太多時間在追藝人或
　任何人的新聞
・做出傷害夢想的行為

否定自我的罪惡感
低自尊

結果

自廢武功的思路

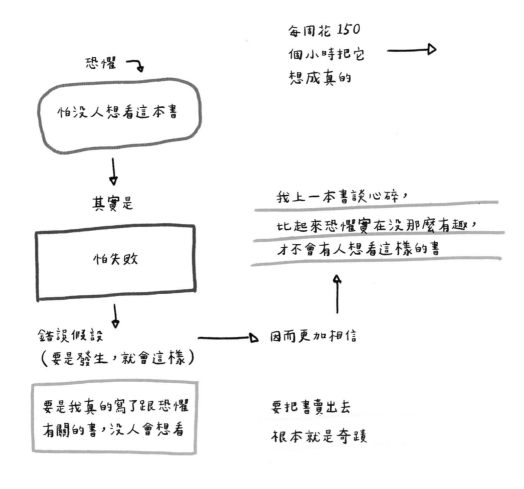

恐懼

怕沒人想看這本書

其實是

怕失敗

錯誤假設
（要是發生，就會這樣）

要是我真的寫了跟恐懼
有關的書，沒人會想看

每周花 150
個小時把它
想成真的

我上一本書談心碎，
比起來恐懼實在沒那麼有趣，
才不會有人想看這樣的書

因而更加相信

要把書賣出去
根本就是奇蹟

不確定／缺乏控制感

接下來可以怎麼做

這本書真的是個好
點子嗎？會不會只有
我媽買？

↓

希望「要是發生，就會這
樣」的假設不會成真

要是沒人買，書就會
被當垃圾丟掉。我不
想要這本書被銷毀。

↓ ↓ ↓ ↓

相信做了什麼，
假設不會成真

要是寫得不那麼可怕，
應該不會完全沒人買吧

安全下莊：
不要寫這本書好了。
衝一發了：
寫，繼續寫。

↑

在群組裡
跟朋友聊天

妳不要再想東想西了，

寫就是了，辦。

↑

恐懼的思路

為了明白你的恐懼牢籠怎麼運作，請透過底下的圖表來分析你的恐懼。你是如何一步步自廢武功的呢？你讓自己安全下莊的方式是什麼？如果要衝一發的話又該怎麼做呢？寫完也可以拍個照上傳到 IG，這樣大家就可以一起打敗恐懼！

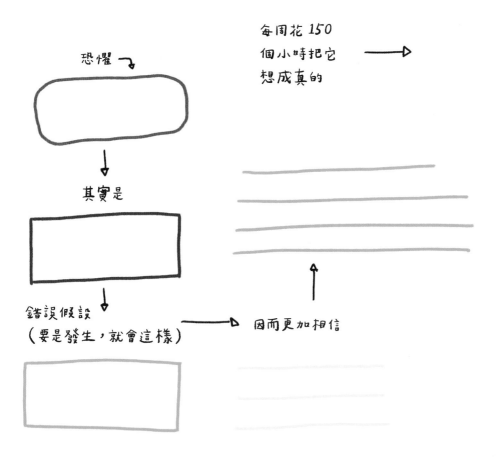

不確定／缺乏控制感

接下來可以怎麼做

希望「要是發生，就會這樣」的假設不會成真

在群組裡
跟朋友聊天

相信做了什麼，
假設不會成真

打破越來越恒的恐性循環

不要再養胖恐懼這傢伙了，改餵勇敢給它吧！不然也可以想清楚、弄明白，或是選擇任何有幫助的、正面的方法。反正不要讓恐懼再吃到更多恐懼就是了，好嗎？謝囉！掰。

ONE

好好想想你害怕的事情。試著了解自己為什麼怕這個。思考之後，你有發現到什麼嗎？你要知道，慘劇發生過一次，並不代表還會發生第二次。

TWO

試著了解，失敗是通往成功的必經之路。對，在感情、工作、人生重大轉折上衝一發，的確是滿恐怖的。但就算有些事情沒成，也不等於是世界末日嘛。因為事實上剛好相反，不成功的經驗反而會幫助你成長，讓你下一次做得更好。

THREE

你可以把自己的人生當作反覆試驗的過程。這聽起來可能有點過於簡化，而且對某些事情來說（例如感情），這麼想其實有點殘酷。但事實就是這樣。要是你的某段感情沒開花結果，或是八字都畫不了一撇，請千萬不要以為未來永遠都將如此。

沒錯，這很痛苦，但當你回首看到自己學會了什麼、看到自己不僅沒有因恐懼綁手綁腳，反而勇於放手再衝一發、看到自己如何善用從經驗中獲得的資訊，而不是故步自封地躲在安全的地方幫自己找藉口。

防堵恐懼急救箱

請隨身帶著這個急救箱（或至少不要忘記它的存在）。它會減輕你的恐懼、緩解你的惡夢，並提醒你夢想其實比恐懼更強大。

要做害怕的事情，就聽這張播放清單

掰啦，恐懼！哈囉，勇氣！每當你感覺恐懼快把你帶走時，請使用這張播放清單，並告訴恐懼：「免了！你不用站起來了——恐懼退散，別跟過來。」

艾麗‧高登 (Ellie Goulding)，《燃燒吧！》(*Burn*)

> 樂路樂團 (La Roux)，《防彈》(*Bulletproof*)

> 碧昂絲 (Beyoncé)，《女人我最大》(*Run the World (Girls)*)

> 希雅 (Sia)，《最強大》(*The Greatest*)

不要懷疑合唱團 (No Doubt)，《屬於我的人生》(*It's My Life*)

> 妃絲特 (Feist)，《感覺對了》(*I Feel It All*)

> 歡樂看台 (Bleachers)，《自己也一定要更好》(*I Wanna Get Better*)

> 希雅 (Sia)，《堅不可擋》(*Unstoppable*)

街頭霸王 (Gorillaz)，《感覺良好公司》(*Feel Good Inc.*)

> 嗆辣紅椒合唱團 (Red Hot Chili Peppers)，《隨著我的西風飛遠吧》(*The Zephyr Song*)

> 皇后合唱團 (Queens)，《掙脫束縛》(*I Want To Break Free*)

> 城市之光 (Capital Cities)，《安然無恙》(*Safe and Sound*)

威肯 (The Weekend)，《星聞人物》(*Starboy*)

> 聖玟森 (St. Vincent)，《重磅教育》(*Masseducation*)

> 聖玟森 (St. Vincent)，《快慢迪斯可》(*Fast Slow Disco*)

寫下你自己的恐懼退散播放清單：

> _____
> _____
> _____
> _____
> _____
> _____
> _____
> _____
> _____
> _____
> _____

「如果他可以，我也辦得到」的 電影清單

《神隱少女》
（*Spirited Away*）

《梅岡城故事》
（*To Kill A Mockingbird*）

《吸血鬼家庭屍篇》
（*What We Do In the Shadows*）

《一吻定江山》
(*Never Been Kissed*)

我放蕩
不過
我是個
好人

《剩女追婚大作戰》
(*Lola Versus*)

問我

《紐約哈哈哈》
(*Frances Ha*)

《勇敢傳說》
(*Brave*)

《地心引力》
（*Gravity*）

《風情媽咪俏女兒》
（*Mermaids*）

《當幸福來敲門》
（*The Pursuit of Happiness*）

《異星入境》
（*Arrival*）

《捍衛聯盟》
（*Rise of the Guardians*）

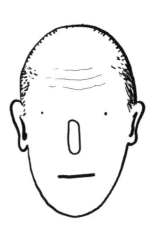

《變腦》
（*Being John Malkovich*）

　　　別咬指甲了！把恐懼變成你的超能力！

讓你無所畏懼的好書清單

莫里斯·桑達克（Maurice Sendak），
《野獸國》（*Where the Wild Things Are*）

> 梅格·萊德（Meg Leder），
> 《放開地心引力》（*Letting Go of Gravity*，暫譯）

> 艾莉森·貝克德爾（Alison Bechdel）：《歡樂之家》（*Fun Home*）

> 卡門·瑪麗亞·馬查多（Carmen Maria Machado）：
> 《夢想之屋》（*In the Dream House*，暫譯）

蘇西·辛頓（S. E. Hinton）：《小教父》（*The Outsiders*）

> 朱麗安·德爾加多·洛佩拉（Juliana Delgado Lopera）：
> 《炙烈熱帶》（*Fiebre Tropical*，暫譯）

> 露西亞·柏林（Lucia Berlin）：
> 《清潔女工手記》（*A Manual For Cleaning Women*）

> 雪兒·史翠德（Cheryl Strayed）：《那時候，我只剩下勇敢》（*Wild*）

瓦樂麗·路易瑟利（Valeria Luiselli）：
《失落孩童檔案》（*Lost Children Archive*，暫譯）

> 珊卓拉·西斯奈洛斯（Sandra Cisneros）：
> 《家住芒果街》（*The House on Mango Street*）

> 約翰·甘迺迪·涂爾（John Kennedy Toole）：
> 《笨蛋聯盟》（*A Confederacy of Dunces*）

使用方法

剪下這張海報，貼在房間、辦公室、浴室門上。

　別咬指甲了！把恐懼變成你的超能力！

比起

恐懼

我的夢想

更強大

害怕在大家面前說話，也怕跟不認識的人聊天。

戰勝恐懼應援團

米蕾娜·哈欽
(Milena Hachim)

CHAPTER 4

當恐懼失控

我們似乎從來沒有認真問過這個問題：
為什麼處在恐懼的情境中，神經會遭受
如此嚴重的損害？也許這一切很理所當
然。不過，我們也常把「神經質」和「焦
慮」這兩種狀況混為一談，好像它們是
同一種東西。但這樣就沒道理了，因為
事實上有人是焦慮但並不神經質，有人是
苦於很多神經質症狀，卻沒有任何焦慮
傾向。

—— 《精神分析引論》
(*A General Introduction to Psychoanalysis*)

佛洛伊德 (Sigmund Freud)

精神分析之父
古董收藏家

怕槍械

我從來不知道
自己現在到底是
餓、頭痛、頭暈，
還是焦慮發作。

近年來，焦慮這件事越來越受到矚目，開始出現在迷因、文章、新聞之中，也會在影像、Instagram 的貼文，或是千禧世代藝術家作品的相關報導之中現身。這種現象的壞處是，大家很容易因此把「焦慮症」和各種「與神經緊張有關的症狀」搞混；好處是當一件事開始進入大眾視野，便可以獲得應有的關注。心理健康就是因此才終於獲得人們的廣泛討論。

由於焦慮症是一件滿嚴重的事，所以在進一步深入探討前，請先注意以下幾點：

- 把毛骨悚然的恐懼，誤以為是恐慌、焦慮發作前，最好先徵詢一下心理師的看法。

- 本章節無法取代心理師針對焦慮症狀所提供的適切治療。

- 以下內容是為了安慰你、讓你大笑、讓你覺得自己並不孤單，所以千萬別把本書當作診斷的工具（雖然確實很容易想這樣做，我懂，但診斷畢竟還是身心科醫師的專業）。

- 每個人的焦慮都很不同，你有你的焦慮，我有我的焦慮，所以盡力處理自己的焦慮就好，或是根據你信任的專業人士所推薦的方式來處理。

焦慮症和日常恐懼到底哪裡不一樣？

焦慮的特點是：

無力招架。會認真考慮找個人形布偶放上自己的臉，代替你參加一些對其他人來說再正常不過的場合（如社交或工作的聚會、上台簡報、公開演講）。但對這些有焦慮症的人來說，完全就是一種恐怖酷刑。

又長又久。會讓人一直想把自己的人生或腦袋跟手機一樣，一鍵恢復原廠設定。因為這樣就可以不要再想那麼多，心跳就不會再跳得那麼快，汗也不會流成這樣，或是莫名其妙就覺得身心交瘁。

越想越糟。「如果哪天買了房子但沒買保險，是不是發生火災，我就會變得一無所有？太樂觀了吧，我竟然覺得自己買得起房子。我這輩子會不會最後什麼也沒做到，整個人一敗塗地，孤單地死掉，沒有半個人記得我？會不會哪一天我懷孕了，卻得到電視節目上才會出現的怪病呢？」如此這般、如此這般。永無止盡地想到永遠，想到最後。

哈囉！大家好呀！

我是阿瑪莉亞的恐懼。

今天我們花了 5 小時，

讀了罕見疾病的資料，

現在可以很確定地說，

我們一定就是得病了。

今天晚上也不睡了唷，

因為剛剛突然想起來，

12 年前某件超糗的事。

讚啦！

影響生活。回個訊息或 E-mail 都要花上 2 天（甚至 2 年），只是因為「我這輩子真的不可能有辦法什麼都做。白天要做這件事，還得辦那件跟那件事，加起來就已經太多了，我實在做不到。我要怎麼回？開頭要怎麼寫？我最好明天就回信，因為都 3 個月了。但都已經 3 個月了，還回什麼？要是假裝我的貓咬掉我兩隻手，他們會相信嗎？」

這些也是焦慮嗎？

我知道的是，你很焦慮的時候可能會這個樣子 *：

1. 強迫症 (Obsessive-Compulsive Disorder, OCD)

　　這是特別難定義的病症，所以這裡會用我朋友伊莎貝的狀況來舉例 **。伊莎貝表示，自己的腦袋裡常被插播一些想法，卻又揮之不去。這些想法不斷告訴她，她家有人可能會忽然死掉，但不知道是什麼時候。要是她能好好完成一輪非做不可的儀式性動作，就會覺得自己已經盡己所能拯救家人的性命。這個儀式是：按照一定的順序摸完家裡某些東西至少 7 次，如果中間被打斷的話，就得重頭來過。整個流程會花上大概 3.5 個小時。她自己也知道，這整件事非常不合理、不理性。

---

* 那些美國精神醫學學會的人、寫了被我稱為焦慮寶典的《精神疾病診斷準則手冊》（*The Diagnostic and Statistical Manual of Mental Disorders*）。不過就算你真的很焦慮（我想你可能就是，畢竟你正在讀這本書），我都不建議你碰這本寶典。因為讀了之後可能會覺得，裡面列舉的那些精神問題，大部分你都有，至少我讀的時候是這麼想的。這本書裡提到的很多概念，都是來自於那本寶典，只是那本解釋得比較清楚、比較詳盡，但某種程度來說是更不清楚，就看你是怎麼想的啦……編按：2013 年出版的《精神疾病診斷準則手冊》裡，焦慮症中已不包含強迫症與創傷後壓力症。

** 伊莎貝不是我真的朋友，但也可以算啦，因為她是我想像出來的朋友，一個不知道有我這個朋友的朋友。或者也可以這麼說，伊莎貝是探索頻道（Discovery）的《家庭與健康》（*Home and Health*）節目裡的一個女生，她的故事深深打動了我。

因此，強迫症可說是包括了：

- 強迫性思考：一直出現某個想法、畫面、東西，或是讓人焦慮的衝動。

- 強迫性行為：為了回應心理狀態而執行的一些行為或動作，都是為了抵銷強迫思考，舒緩並收斂焦慮的情緒，或是避免發生負面的事件。

強迫性思考與行為的關係

思考：跟人握手的話，會因此得到傳染病。

行為：洗手洗到流血。

思考：不知道瓦斯到底關了沒。

行為：每 5 分鐘就跑去確認，或上班到一半跑回家，因為腦子裡什麼都裝不下，實在是太擔心那個可惡的瓦斯爐到底關了沒。

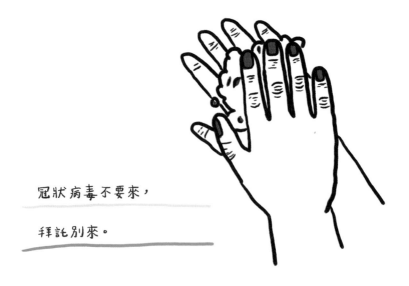

冠狀病毒不要來，

拜託別來。

2. 創傷後壓力症
(Post-Traumatic Stress Disorder, PTSD)

這是指經歷創傷性事件後，所出現的一系列症狀。創傷性事件通常是指遭遇危險（如成為某個犯罪案件、虐待行為、意外事件的受害者），因而使自己或他人的性命遭受威脅，或是自己或他人身體的完整性受到損害。創傷後壓力症的症狀包括強勁的惡夢、恐懼與絕望的感受，腦中還會一直出現創傷事件當時的畫面，也會想避開任何與創傷有關的刺激。

3. 社交焦慮症／社交恐懼
(Social Anxiety Disorder, Social Phobia)

指因為太害怕會在人前或社交互動中做出丟臉的事情，因而持續並強烈懼怕參與社交場合。所謂社交恐懼，不是得在整屋子的陌生人前自我介紹時，兩腳一直在發抖，也不是參加某場派對時只認識房子的主人，對方卻跑出去幫大家買酒、買飲料而消失 1 小時，因此把你一人晾在那邊尷尬。社交恐懼會讓一個人恐慌到連簡單的事都做不了，像是吃東西、動筆寫字，或是公開演講，免得自己出糗，也會怕別人覺得自己看起來很緊張、很焦慮、很沒用、很蠢、怎麼抖得那麼厲害、是不是「瘋」了等等。社交恐懼常常也會讓人滿臉通紅，並伴隨恐慌發作等狀況（而且不只如此）。

註：社交焦慮症也是一種恐懼症，而恐懼症是對於特定情境或特定人事物，有著強烈又不成比例且非理性的恐懼。接下來是一系列非比尋常的恐懼症案例，而這些案例在在都證明了，就算我們怕的東西很特別，也都不是什麼特例。

珍娜·坎達兒
(Jenner Kendall)

密集恐懼症（怕不規則
排列的事物，或是聚在一
起的一堆小洞）

安東尼·波登
(Anthony Bourdain)

小丑恐懼症（怕小丑）

強尼·凱許
(Johnny Cash)

懼蛇症（怕蛇）

莉娜·丹恩
(Lena Dunham)

睡眠恐懼症（怕睡著）

史蒂夫·賈伯斯
(Steve Jobs)

鈕扣恐懼症（怕鈕扣，
所以才一直穿高領）

理查·華格納
(Richard Wagner)

13 恐懼症（怕數字 13）
我沒亂掰，真的有這種
恐懼症。

3. 恐慌症 (Panic Disorder)

　　你有過這種感覺嗎？覺得自己快發瘋、快死掉，卻沒有真的變那樣嗎？這種感覺可能就是恐慌症發作。恐慌可能會毫無頭緒地就突然發作（例如自拍到一半的時候），或是在很焦慮的時候出現（像是身處亂流當中）。而且恐慌發作有強度之分，每個人也會有不同的症狀。不過我想，體驗過恐慌發作的人應該都同意，那種感覺絕對是人生中可以體驗到的最恐怖事情之一。

　　根據《精神疾病診斷準則手冊》上的定義，恐慌發作是一種突然感覺到強烈的恐懼或強烈的不適感，這樣的感覺會在幾分鐘內達到高峰，並在發作期間出現以下 4 個（或更多）症狀：

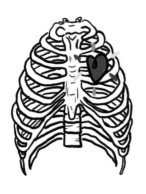

心悸、心臟怦怦直跳
或心跳加速

盜汗

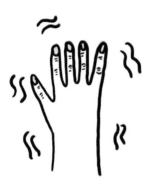

顫抖或發抖

感覺呼吸短促或快窒息

感覺頭昏、頭暈目眩、快要昏倒

噁心想吐，或
是肚子不舒服

身體發寒，或臉
部發紅發熱

四肢麻木，或覺得冷

感覺一切都不太真實
（失去現實感）

感覺抽離（失去自我感）

怕失控或發瘋

息止安所

怕自己快死了

症狀基本上就是一直沒來由地恐慌發作——莫名其妙或其實真的見鬼了——持續至少 1 個月以上。也就是說，整個人會持續地處於怕自己隨時恐慌發作的狀態中。

5. 廣泛性焦慮症
(Generalized Anxiety Disorder, GAD)

為這症狀所苦的人，通常會持續處在焦慮和擔憂的狀態之中，而且怎樣都沒辦法緩解。像是禱告就沒用，點精油也沒有效，靜坐也沒啥幫助（雖然還是多多少少有些效果）。多聽歌好不了，求神拜佛救不了，多親親一樣也幫不了。焦慮的人無法把心中的憂慮丟一邊，只好開始搜集那些憂慮，最後通常會變成：想專心在別的事情上也沒辦法，連睡覺都很折磨人的狀態。所以說，有廣泛性焦慮症的患者，通常也會有睡眠障礙，以及一些嚇人但其實沒什麼好擔心的症狀（我這是在說反話），像是疲倦、易怒，肌肉收縮或疼痛等等。

要是有人跟我說，
喝茶可以紓解焦慮

焦慮者求生手冊

接下來是一些可以幫助你好好處理焦慮的妙招、撇步、因應策略（全都經過我本人——焦慮苦主——證實有效，更加上很多心理師與焦慮專家的背書）。

說出自己的感受

焦慮的人有種超能力，心裡其實無比煎熬卻還可以裝得泰然自若，彷彿一切都在掌握之中。但是與其如此，不如讓自己去感受吧！讓自己崩潰吧！讓自己失控吧！因為有的時候，把所有情緒都憋在心裡太久，只會讓你更加焦慮而已。所以放手讓自己哭吧！去找朋友聊聊吧！光是說出「我現在非常焦慮」這句話，其實就可以減輕不少負擔。

找人治療

大家其實很容易把壓力跟焦慮混為一談。壓力是要做的事情太多、遇到比較激烈狀況時，身體和心理會出現的一種正常反應。通常事情做完以後、問題有了應對辦法以後，壓力反應就會消散。然而，

焦慮則會讓人只想放棄、想聽天由命，也會感覺腦袋一直在運轉，自己卻沒辦法讓它停下來，身體更感覺精疲力竭。所以，如果焦慮的狀況已經糟糕到讓你覺得日常生活運作被干擾了，或是讓你開始逃避一些事情時，別再猶豫了，去看心理師和（或）身心科醫師吧。

找人治療並非壞事，吃藥也沒什麼不好（如果專家覺得你需要吃藥會更好的話）。治療或吃藥不代表你就是個沒用的人，也跟你有沒有做錯什麼無關，更不會因此定義你是什麼樣的人，甚至不等於你是暫時或永久壞掉了，而是代表你有在聆聽自己身體的聲音（或者說是你大腦的聲音），而且你有好好照顧自己。

另外，關於吃藥這件事，我個人本來對這種精神類藥物相當有疑慮，也覺得應該靠自己就可以了。但結果是，我沒辦法只靠自己戰勝焦慮，而當我開始吃藥以後，滿心感謝這個世界和製藥公司的那些天才，賦予我一個機會讓自己感覺好一點，終結超多痛苦的煎熬，更送給了我一個大禮──再次感覺自己是自己。

幫焦慮取個名字

沒錯，這個提議是有點老套又有點奇怪，但我的心理師要求我做過更怪的事──買一個跟自己長得很像的布偶，然後幫她取名為阿瑪莉亞並好好照顧她。我會跟她玩、跟她說話、跟她一起睡，甚至連出去玩都帶著她。你說這奇怪不奇怪。

幫自己的焦慮取個名字，是要讓你意識到這兩件事：

• 你和心中的焦慮並非一體。

- 你的焦慮其實跟無聊的朋友沒兩樣，偶爾有點煩人，但多半都是無害的。

PS. 畢竟我不是個心理師，所以關於阿瑪莉亞娃娃這個方法背後的心理與情緒魔幻法術，我也不太清楚。但不得不說，這整件事真的是又有用又美好，療癒了我千千萬萬道的傷口。而且也讓我意識到，我女友真的滿愛我，因為每次她回家跟我打完招呼後，也會立刻和阿瑪莉亞娃娃說哈囉。

請在這裡寫下、畫下你心中的焦慮出生證明：

身心健康的四大棟梁

身心科醫師跟我說，人的身心健康有四大棟梁：吃藥、運動、睡好*、調適壓力。要是這四大棟梁都在掌握之中，焦慮也會是你的囊中物。

靜坐

靜坐可說是治療焦慮的最佳療法之一，因為可以幫我們把心靜下來，並活在當下、活在「此刻」的「這裡」。對很多人來說，這個練習可能不是那麼容易上手，但靜坐其實沒那麼難。你其實不需要知道該怎麼做，也不需要先學過才有辦法靜坐，只需要這樣做就好：

1. 先找個可以保有隱私幾分鐘的地方。可以是臥室、客廳，甚至是辦公室的洗手間。

2. 把手機調到靜音模式，別讓任何事打擾你。

3. 找個舒服的地方坐下來（不一定要坐在地上，可以坐在你最喜歡的椅子或沙發上）。

---

* 要是我連續 2 天都沒有睡好，的確是會發瘋。每次我說自己要是沒睡好，會比多數人前一晚一人喝掉一整罐龍舌蘭後的宿醉還糟糕，大家都不相信，但真的是這樣啊。

4. 開始感受自己的身體——感受一下靠在椅背上的背，感覺一下踩在地上的腳。

5. 閉上眼，專注在自己的呼吸上。深吸一口氣，讓空氣漲滿肺部，然後慢慢地吐氣。

6. 專注在自己的呼吸上。要是開始想起什麼，「不必」努力停止思考。因為靜坐不是得腦中空無一物，而是任由心思休息，當下是怎樣就是怎樣。

7. 如果又有其他思緒，就任由它們來去。靜坐練習本來就是起起落落，有時狀況絕佳，有時萎靡不振，重要的是持續練習。靜坐就像是大腦做運動，做得越多感覺就越好。

8. 注意自己身體內部的感覺（我知道聽起來滿詭異的，但真的有用）。

9. 再次張開眼睛之前，試著聆聽自己所在環境中的聲音。然後稍微動一下手指、腳趾頭，接著動動手臂和腿部，再慢慢晃動頭，重新啟動對身體肌肉的掌握。當你覺得自己已經準備好了，便再次張開眼睛。

一天這樣做上 5 次、10 次或 20 次，就會開始感覺到其中的魔法。

恐慌發作了怎麼辦

1. 可以的話，打電話給你信任的人，將當下的感受告訴對方。

2. 試著深呼吸，或是做以下這個練習：吸氣 4 秒（用自己的速度）再憋氣 6 秒，最後花 8 秒慢慢吐氣。在吸氣、憋氣、吐氣的同時，一邊在心裡讀秒。這個練習可以讓身體放鬆。

3. 可以的話，出門散個步。散步可以讓人感覺踏實，也會減緩恐慌欲來的不適。

4. 喝水。

5. 大聲地對自己說出以下這些話：「我沒事，現在眼前沒有危險，我不會死，也不會發瘋。現在這個感覺很不舒服，但這都是暫時的，遲早會結束。我沒事。」

6. 做「顏色練習」（抱歉，我實在想不到更好的名字了）。

這個練習可以把心思從恐慌發作的可怕症狀上移開，把注意力轉移到外在事物上。可以透過任何事物來進行這個練習，不過顏色對我來說最有用。「顏色練習」的進行方式是：在身處的環境中尋找任何只有一個顏色的東西，例如只有紅色的東西、只有黃色的東西、只有綠色的東西、只有藍色的東西等等。但不要找什麼洋紅色（介於紅色和紫色之間）的東西，別對自己這麼壞。

寫焦慮日記

焦慮讓人極其崩潰，不知道它究竟從何而來，也不清楚它將從何而去。試著寫下你心中跟焦慮有關的文字，除了可以幫助你多了解它一點，更重要的是，焦慮日記也可以讓你明白，究竟是什麼東西、什麼情況會誘發焦慮出現。

和焦慮做朋友

會讓狀況越來越糟的原因之一，正是太焦慮於自己的焦慮。雖然有點困難，但面對焦慮的理想解法就是，找到焦慮時可以讓自己感覺好一點、冷靜一點的方法。能跟自己說這樣的話：「沒錯，此時此刻我的確非常焦慮，焦慮很嚇人也很恐怖，但這些感覺終究會過去，然後我也會沒事。」

為了達到這樣的境界，你能做的大概就是以下這幾件事：

承認你的焦慮。 直視焦慮時，可是會讓它挫咧等；但逃避不看的話，反而會讓它更加茁壯。不正視焦慮，一開始可能感覺沒什麼，但如果放任它繼續壯大，焦慮很可能就會以一種既激烈又劇烈的速度，讓你的身心健康惡化。最初可能只是不想過馬路，之後可能會演變成足不出戶，接著就和朋友斷了聯繫。以此類推，直到爆發。

嘲笑你的焦慮。 這件事滿難的，但也可以滿好玩的。如果你想要讓自己笑死，只要上網搜尋一下「焦慮迷因」，然後就盡情地笑吧。

練習對自己好一點

天知道焦慮的人為什麼有辦法對自己超嚴格、對自己要求過高、覺得自己可以把事情做得更好、更特別。請重複對自己朗誦以下句子：

我沒有不好。好吧，其實我有一點點不好，

但我還是很讚、很棒，而且值得最好的。

我本來就已經夠好了。

我沒有缺什麼、少什麼。

也沒有多什麼、太怎樣。

不需要害怕一年之中有一天過得不好。

請在這裡寫下你的版本，一些對自己好一點的句子：

戰勝恐懼應援團

博托‧莫納
(Alberto Montt)

CHAPTER 5

那些打倒你的，
也可以救你一命

恐懼、杞人憂天都是一種認識不足的狀
態，一種在內心進行的，對未知未來的計
算……。勇敢則是永遠都比恐懼聰明，
因為它建立在對自我的認識之上：對自己
的優點與能力的認識、對自己心中熱情
的認識。」

—— 《給梵谷的一封信》(*Letter to Vincent Van Gogh*)

妮可·克勞斯 (Nicole Krauss)

作家
天才

怕死

東怕西怕沒什麼不行，因為我們每個人都會害怕。事實上，小時候以為床底下有怪物的那種怕，很可能都沒有現在的恐懼這麼驚人。說到底，長大真的是一件很可怕的事情，真的是可怕到極點了。像我，長大以後就生活在恐懼之中：好怕冰箱裡所有的東西都有毒，怕吃下去我就會被毒死，導致每次打電話給我媽，幾乎都在問她：「放冷凍庫 5 個月的肉、2 天前過期的火腿還能不能吃。」

人人內心充滿各種恐懼，因為這個社會，這個我們所生活的社會，會不斷透過社群媒體告訴我們該成為什麼樣的人——從啟發人心的心靈雞湯或健康麥片，到值得讓 YouTuber 拍一段教學影片的完美妝容。也不是說全天然健康麥片哪裡不好，但並非一定得擁有，人們才能過得快樂（或過得還行）吧。

這個我們所生活的社會，也會同時透過系統性的方式，來壓抑或隱藏任何挑戰其秩序的事物：要難過可以，不要講出來就好；是同性戀可以，不要讓別人看出來就好。面對他人的失戀或心碎、崩潰、無助、恐懼時，也是一樣，尤其是對待恐懼時更是如此。

但是壓抑過後、沉默過後，造就了我們這一整隊情緒受傷的大兵，累積了這一大批焦慮又害怕的人。

所以我們不該再沉默，得讓原本被隱形的東西再度被看見。為了幫助自己重獲自由，就是得讓有些人感覺不太自在。我們得大聲地吶喊：會害怕也沒關係！有一點不完整也可以！不好也沒關係！不完美也很好！

讓恐懼拯救你

恐懼的確可以拯救我們。真的！恐懼之所以存在，就是為了救我們一命。所以與其把恐懼當成需要擺脫的東西，不如看看怎麼感謝它的存在。

以下是恐懼能救我們一命的例子。

懼高（或每次從高處陽台往下望時，那種腦袋一片空白的感覺）

讓你不會掉下去摔死

怕傷心

讓你不會跟錯的人出去約會，像
是：你已經發現對方其實愛說謊，
或是背著你腳踏兩條船，甚至連薯
條跟披薩都不愛吃（這太超過了）

別咬指甲了！把恐懼變成你的超能力！

怕搭電梯

讓你不用花錢辦健身房會員，省一筆開銷

怕小丑

讓你不用去根本不想參加的生
日派對，或是不用說謊就能幫
你從那種場合脫身

多麼恐懼，我才做的事情

> 寫這本書

> 傳訊息給一個女生，然後約對方出來

> 在 300 多人面前發言

> 辭掉做得很不開心的工作

> 學做菜（因為怕餓死）

> 搭飛機（因為怕再也不能去別的地方看看）

> 發現家裡附近一條沒走過的小巷
> （因為不想要走太大條的路）

多麼恐懼，你才做的事情

> _____
> _____
> _____
> _____
> _____
> _____
> _____
> _____
> _____
> _____
> _____
> _____

有個朋友跟我説，
可以怕東怕西，
但不要當個膽小鬼

愛的反面是恐懼，
而愛就是勇敢。

別讓恐懼阻撓你。
我們都在這裡陪你。

要是恐懼成了阻礙，
就必須把障礙轉化成想做點事的熱情。

戰勝恐懼應援團

尼可·岡薩雷斯
(Nico Gonzáles)

征服恐懼的簡明指南

或者，也可以說是讓恐懼變成你最好朋友的一些練習啦。

1. 跟情緒性的疑病症說掰掰

疑病症（hypochondria）從字面上的意思來看，是不太理性地認為自己病得超嚴重，嚴重到快要進墳墓。有疑病症的人會不斷分析評估自己的身體狀況，導致自己一直懷疑、一直擔心，最後免不了得到一些災難性的結論。

一直懷疑自己生病，會長時間處於恐慌之中。一旦左眼刺痛，就覺得自己應該有青光眼；要是感覺口渴，就覺得肯定是因為自己得到第二型糖尿病；如果偏頭痛，就覺得自己大概長了顆動脈瘤──這種疑心病就算沒有馬上殺了你，也會讓你的身體從今以後每況愈下。

情緒性的疑病症也是如此，只是換成在情緒與感覺的層面上疑神疑鬼。有情緒性疑病症的話，會把警戒心開好開滿，開始懷疑一切、過度剖析所有東西，同時對每件事只抱持著最壞的打算，認為自己最害怕的那些事應該會成真。

接下來是情緒性疑病症的實際案例，還有怎麼打敗它的方法。

案例 1

我真的很喜歡蘿拉，但 3 分鐘前我傳訊息過去，她到現在還沒回。她肯定不喜歡我，但就算她也對我有意思，想必有一天也會跟前任一樣傷透我的心。我寧可踩到樂高，也不要再經歷一次心碎了。我不應該繼續跟她聊天，而是應該刪掉所有社交媒體的帳號。就這樣孤單死去吧，至少投胎再來，又是一尾處子。我死後，你可以在我的墓碑上寫：「此人曾追尋過快樂，但失敗了。因為那天蘿拉沒有回訊息，所以便放棄尋找愛情。」

診斷：怕寂寞、怕被拒絕、怕讓自己變得脆弱。

療法：不要一朝被蛇咬，十年怕草繩。等對方回訊息時，至少等個 3 分鐘吧。

案例 2

　　老闆剛跟我說：「我需要跟你談談。」他肯定要把我給炒了，然後表示我這個人毫無才華可言。我只好改行做專業遛狗人了，也不是說這是什麼壞事，但要是哪天我在公園裡遛狗遛到睡著了，其中一隻狗咬掉我的臉，害我得去做臉部移植重建手術，結果最後醫生移植一張死人臉到我身上的話，這該怎麼辦才好？

　　診斷：怕失敗、怕身體殘缺、怕丟掉飯碗。

　　療法：事情還沒發生就不要想太多。先聽聽老闆要說什麼，再開始擔心吧。記得餵飽你的狗，幫牠準備足夠的食物。相信自己，還有別忘了，失敗其實跟成功一樣重要。

案例 3

畫下你的樣子

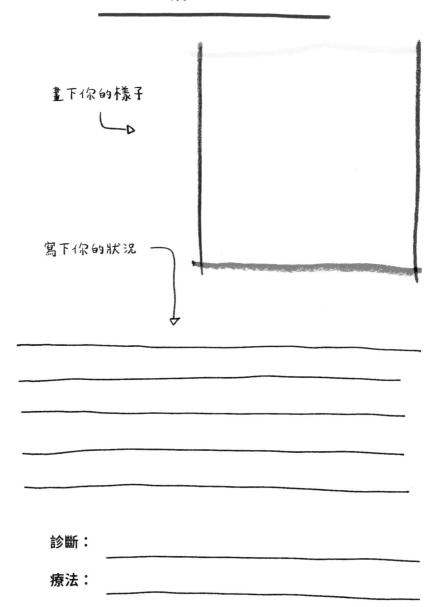

寫下你的狀況

診斷：

療法：

2. 練習漸漸忘掉恐懼

　　很多的恐懼都是學來的（像是第 55 頁，我被阿姨瑪莉亞・尤金妮亞的貴賓狗咬傷），所以我們也有辦法忘掉那些恐懼。該怎麼做呢？就是直接決絕地和恐懼對峙（雖然你的腳都已經在抖了，而且還很想逃走）。

　　為了不要讓這個練習成為你苦痛的來源，一次對付一個恐懼就好，並且用自己的節奏慢慢練習。慢慢來，多慢都可以。如果必要的話，甚至用一輩子的時間來處理都可以。

　　請運用右頁的圖表分類你的恐懼，從最輕微到最劇烈的，一一條列。然後為此想個獎勵機制，每當自己成功面對一個恐懼，就好好獎勵自己。

恐
懼

害怕程度
（從 0 到寧死也不要面對的 1000）

反恐懼獎勵表

面對的恐懼	獎勵

別咬指甲了！把恐懼變成你的超能力！

3. 弄假成真

這個練習要你先假裝自己很罩，直到有一天你真的那麼罩。重點就在於騙過你的大腦，並告訴它：「這根本沒什麼好怕的，你那麼勇敢，一定做得到啦！」尤其在你被恐慌淹沒，只想要逃離現場結束這回合，然後回家躲在床上睡一個月的時候，特別需要這一招。

一開始，你的大腦會有點不知所措（那種感覺有點像你最近愛上的那個人，明明對你 20 幾篇 Instagram 貼文都點讚，卻已讀不回你長達 3 天之久）。接著，大腦會進入一種不太順、不太靈光的狀態。如果你這樣一直欺騙大腦，這招總有一天會變得超級有效，讓你一覺醒來發現自己已經克服恐懼，或至少已經大大挫了恐懼的銳氣。

4. 列出勇敢行為清單

　　練習每天寫下至少 3 件今天做的勇敢行為。這麼做，是邀請你不再那麼負面思考，也不再惡意批評自己。與其一直執著於自己做錯了什麼，不如把目光放在自己因為恐懼而成功躲避掉什麼。你很快就會發現，其實自己每天完成的勇敢行為，比想像中還多。而所謂的勇敢行為，不必是動作片裡那些英雄式的舉動（例如救出差點被卡車撞死的老太太），而是一些日常動作，像是過馬路（要是你很怕過馬路的話）、準時拿帳單去繳費、拒絕做那些之前因為不敢說「不」所以乖乖答應的事情、去銀行好好排隊辦事、終於寄出那封猶豫很久的 E-mail。每天都試著和自己的心魔面對面，無論是怕寂寞這個大心魔，還是怕在冰炫風裡發現一根頭髮這種小心魔。

勇敢大賞
跨越本市最大條馬路

寫下你的勇敢行為：

_____

_____

_____

_____

_____

_____

_____

_____

_____

_____

_____

_____

_____

_____

_____

別咬指甲了！把恐懼變成你的超能力！

5. 做張「緊急狀況專用」求救卡

為了預防自己突然癱瘓，或是有什麼緊急狀況，你可以準備一張求救卡，事情發生時遞給身邊的朋友，對方就會知道怎麼處理*。

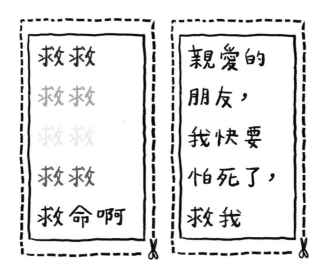

---

* 我的朋友們都知道怎麼處理最有效，其實就是說些這樣的話：「阿瑪莉亞，我跟你保證，事情不是那樣的。」「親愛的，連國家被毒梟艾斯科巴（Pablo Escobar）統治的年代你都活過來了，這件事算什麼！」。

6. 跟著羅克塞樂團 (Roxette) 所說:「聆聽內心的聲音吧!」

打擊恐懼的最佳神器,老早就存在你的身體裡,也就是——你的直覺與夢想。

直覺

我認為,恐懼會讓我們離直覺越來越遠,但直覺是帶有「力量」的。這麼說好了,我自己很喜歡把直覺稱作「在我做對事情時,會跟我說話的聲音」,肯定比恐懼還有智慧。所以要是恐懼又來敲你的門,請務必試著召喚自己的直覺。

夢想

人類是夢想做的——夢想孕育我們,為我們刻畫出一條邁向未來的路,並指引方向;夢想拯救我們,在跌倒時加以扶持;夢想給予我們活著的意義。當恐懼現身時,請不要忘記:夢想可以撐過任何難關(愛也是),夢想可以相信任何東西,等待任何事情,禁得起任何考驗。夢想永存,它不會消失。

7. 在腦袋裡播放電影

　　我知道，這方法聽起來很瘋。我的治療師第一次告訴我這個方法的時候，我也是這麼想的。但重點是：恐懼和焦慮都很強大，而當它們在體內大爆發，就會開始在我們的腦海中播放一些恐怖片，而且結局還是我們不喜歡的那種——當然前提是我們還有辦法想像結局的話。

　　我們會很自然地想關掉那齣電影，因為太害怕劇情成真。舉例來說，當你人在飛機上，而飛機正經歷亂流的時候。恐怖片就立刻開始播了：飛機墜落，然後你很快就死了。你當然不想出現這些想法（恐懼會讓我們變得非常迷信），但問題是，當你越想關掉這種腦內恐怖片，心底的恐懼就會越壯大。因為你不想和恐懼正面交鋒，而是想逃得越遠越好，恐懼卻會因此被越養越大。

　　如果你已經很怕搭飛機，就先不要在飛機上做這個練習，而是找個安全的地方（任何讓你感覺平靜且踏實的地方）開始，然後在腦中播放專屬於你的恐懼恐怖片。不需要一開始就一口氣播到結束，慢慢多試幾次，直到有辦法看到片尾工作人員名單出現的時候。這時，出手擊潰它吧！擊潰想像中的這些恐怖（但無法擊潰也沒關係）。這個練習有以下幾個目的：

　　1. 讓你暴露在恐懼之中，然後漸漸對它沒有感覺。

　　2. 讓你徹底看透恐懼本身，就可以好好了解它。

　　你可以想像自己擊潰恐懼的模樣嗎？是說，恐怖片播到最後還會是什麼呢？

8. 搜集事實與資料

要用力地朝恐懼揮出重重一拳，還有一個最簡單的方法，就是讀超多和恐懼相關的事實與資料。

就在我寫這段文字的時候，我經歷了 3 次小型的恐慌發作。因為我太害怕自己確診新冠病毒（COVID-19），然後一個人死在遙遠的醫院裡，遠離我愛的人們。我知道這是個滿敏感的話題，也知道這其實是很多人共同的恐懼，等到有天疫苗出現了，屆時這個段落也會像是古早以前寫的東西吧（說實在的，我多希望這一刻快點到來）。不過在那天來臨之前，有一件事幫助我繼續過日子：看一些數據，看一些資訊，知道自己該怎麼做才會比較安全，並確保自己確實做到，同時也了解這個疾病怎麼運作，又該怎麼預防，還有如果真的得到又會出現什麼症狀。

知道並了解一些事實，可以幫助你應付這種缺乏控制感的感覺，也就是恐懼最喜歡的感覺。事實與資料會給你一些方法和知識，不僅能協助你在迎戰恐懼前做好準備，更能幫助你打敗它。

9. 想像自己贏了

　　這個技巧是跟運動員學的。例如在比賽開始前，極限單車選手會先在腦中預想整場比賽的過程（這跟在腦中播放電影的練習是師出同門）。他們會把抵達終點線前的每一次跳躍、每一個翻轉都想像過一遍，想好之後的每一個動作要怎麼做（因為之前都已經練習過了），然後想像最後贏得比賽。

　　想像自己獲勝。例如，如果你是害怕上台發言的人，先把整個發言過程從頭到尾想像一遍。想想自己會怎麼說？怎麼做才能成功講完整段話？要讓自己冷靜，要練習靜坐，要在腦中把整件事情預演過一遍、練習過一遍（如果可以的話，也可以在真實世界裡彩排一番）。描繪出勝利的畫面，在腦中想像自己獲勝的樣子，然後就真的會贏。但記得：贏得勝利和輕鬆愉快地享受過程是不一樣的，因為取得勝利可能還是滿難的。不過總有一天你會辦到的，越是能想像自己會贏，就會從中獲得更多力量和自信（而且恐懼與害怕就會越來越少）。

我知道你會怕，但會怕也沒關係。難道沒
人告訴你，你的恐懼就是你的超能力嗎？
恐懼會讓你整個人變得更敏捷、更健壯、更
聰明……而且如果你變得既強壯又充滿智
慧，恐懼並不一定會讓你變得殘酷或膽小，
而是會讓你成為更好的人。既然知道害怕
也無妨，黑暗中或床底下有什麼就不那麼重要
了吧。就算你已經學會怎麼隱藏自己內心的
恐懼，也終究還是會害怕。恐懼其實是你的
夥伴，一個一直陪伴著你的夥伴，總是在你
身邊的夥伴。雖然恐懼一直都在，那也沒關
係，畢竟恐懼可以讓我們更團結，還能指引
我們回家的路。

───── 克拉拉·奧斯瓦爾德（Clara Oswald）
　　　《超時空奇俠》（Doctor Who）
　　　第 8 季第 4 集〈聽〉（Listen）

全部忘光光

凱特琳納 繪

戰勝恐懼應援團

凱特琳納·布

(Catalina Bu)

附錄 A

恐懼與寫作

恐懼跟寫作根本是同一件事，唯一不同的，就只是我們生來就準備好要怕了，但寫作不是（而且事實上，寫作是件永遠沒辦法準備好的事情──所以每本書其實都像是在黑暗中從一座高山往下一躍，然後還會聽到作家吳爾芙（Virginia Woolf）的聲音：「我的朋友，不要想不開啊＊！」）。恐懼與寫作都需要創造力和想像力。

舉例來說，如果沒有創造力，要用什麼來說明人們很怕搭飛機這件事呢？也許可以這樣講：「飛機會墜機，我可能會死，死了就沒了。」但這樣講也太無聊了吧，完全沒有把恐懼和焦慮描述出來（尤其是焦慮，這樣講一點都沒有焦慮感）。

但要是有了創造力，再輕微的亂流都可以讓我們感覺像是世界末日。故事就會變成這個樣子了：「飛機就快脫離那個讓它維持在空中飛的神奇磁鐵了，然後我們會開始急速下墜。飛機在自由落體往下的時候，我會不會心臟病發？其實我覺得自己心臟病已經發作了。要是

＊ 真正的意思是：朋友，連試都不要試了，我會活下來根本是奇蹟。不對，我根本自殺了沒活下來。你還是選其他好一點的範例吧。

墜機後我卻還活著，那要怎麼辦啊？我可不想要吃人肉偷生。不過人肉吃起來是什麼味道？要是飛機墜機，然後我還真的死了怎麼辦？我媽會不會很難過？我的前女友們會來參加我的喪禮嗎？拜託不要來。早知道就先把遺書寫起來了。墜機意外的消息會不會登上各大報的頭條？標題旁邊會不會加上一句：『一名怕搭飛機的作家也死於這場空難──難道這就是所謂的噩夢成真？』標題這樣下真是不錯，要是我活著落地，要記得把它寫下來。死的時候會有什麼感覺？我該不會真的要死在飛機上了吧？我怎麼竟然在問自己這種問題？」

正如作家凱倫‧湯普森‧沃克（Karen Thompson Walker）在她的 TED 演講「我們可以從恐懼中學到什麼？」提到的，恐懼與寫作（或更精確的說是「故事」）有一樣的結構：

恐懼與寫作都有個主角（就是我們）、有段劇情。這段劇情有開頭、有發展，還有結尾（我在寫一封 E-mail 給朋友，說出我正暗戀著某人，也告訴她那無望感受中的所有細節，然後寫到一半我的貓跑來桌上玩，一不小心就把那封信〔告解〕寄出去，發給我一半的聯絡人，其中更包括我暗戀的那個人，而且我還在信中說她是「我這輩子唯一的摯愛」）。也會有鮮明的畫面（我那隻美麗但有時候很邪惡的貓，竟然就是這麼會挑時間，還跳上平常不會去的地方，因為我在那裡噴了一點東西，聞起來有尤加利和菸斗的味道，那還是跟我暗戀的人買的呢，還不是為了要好好管教一下家裡的小動物──在寄出那封郵件之後，我花了一個小時在網路搜尋「如何收回已經寄出去的郵件」，然後再花一個小時搜尋「如何知道收件人讀了你的信」，接著又再用一個小時瀏覽「如何破解別人的 Gmail 帳號、如何在一天之內逃離自己所在的國家、如何永久改變自己的身分」）。

就在我寫這本書的時候，害怕描寫恐懼的那股懼怕，把我整個人淹沒在全面的崩潰和絕望之中，我才發現「恐懼的好處」與「寫作的好處」幾乎是同一個，都可以幫助我們開始把恐懼當作一種有創造力的表現、一種療癒，而不是一種威脅，或是必須背負的小小悲哀。

　　寫下自己恐懼裡的故事情節吧！懷著信任，放手一搏、衝一發吧（我保證這會帶來意想不到的結果，更會是充滿力量又痛快的體驗）。

我的恐懼故事

_____ 著

（寫下你的名字）

_____

_____

_____

_____

_____

_____

_____

_____

_____

_____

_____

附錄 B

焦慮者親友的求生指南

對焦慮的人來說，所愛之人的支持與理解，是情緒與心理健康倚賴的重要根基。所以呢，焦慮者的愛人們，以下是寫給你們的指南。

你的朋友／另一半／同事，並不誇張

　　我們的社會並沒有對於心理健康提供該有的關注。這也是為什麼，要是有人說：「我不太舒服，要出去走走，因為我很緊張（或是其他任何原因）。」我們通常會覺得對方太誇張了，並認為只需要聽我們說說教，就不要再抱怨，也不能再吵著說要出去走走之類的。

　　這是不對的。一個人因為「焦慮」而身體不舒服，跟因為「慢性支氣管炎」而感到不適是一樣的，甚至有時候焦慮會更不舒服。我們需要給予心理健康應有的重視，並明白心理問題同樣需要特別的照顧和治療才會好轉。

　　現在，正是時候記住這件事：千萬別叫任何人停藥，就因為——你應該夠強壯，不需要再吃藥了吧？你以為只有很軟弱的人，才需要吃心理健康疾病相關的藥。

　　但是你會叫罹患糖尿病的人不要再注射胰島素嗎？不會。讓我們一起終結抗憂鬱藥物或抗焦慮藥物的汙名吧！一起了解這些藥物，事實上是引領他人走向健康的重要資源。

聆聽

　　要接受自己有心理健康的問題，通常並非簡單的事；要跟別人提起這件事，更不用說是多麼難上加難。所以，如果有任何你信任的人，向你透露自己出現相關狀況，請用心聆聽並且不要有任何批評或評論。請給他們一個大大的擁抱，並讓對方知道你會陪著他們。

啟動強大的耐心與體諒

焦慮的人難免都有點怪怪的，這也是我們最美好，有時也最難搞的部分。焦慮者的腦袋通常沒辦法停下來，所以請了解以下幾點：

1. 焦慮的人常常很臨時才跟你取消一些計畫，並不是我們不想去，而是我們沒辦法離開家裡，或是真的感覺很不好。

2. 回簡訊、回 E-mail、回電話，或是回覆飛鴿傳書等等，焦慮的人常常做得不太好。但是，拜託還是好好地愛我們。我們會這樣，只是因為太過敏感，容易因為一些事情就崩潰。

3. 有時候，我們會說自己需要什麼，然後不到 5 分鐘就又變成需要另一個完全相反的東西。

千萬、絕不說出以下這些話

你一定辦得到

不，我們做不到。要是我們真的辦得到，早就關掉自己瘋狂運轉的腦袋了。

你比你的焦慮更強大

是也不是。在心底，我們的確如此相信，但是當你愛的人焦慮發作時，說這種話不只幫不上忙，還會讓我們更加覺得自己軟弱。

放輕鬆一點就好啦

　　請絕對、絕對不要說這句話。焦慮的人，其實就是因為沒有辦法放輕鬆。舉例來說，我有一群朋友看我寫這本書寫到壓力山大，便問我：「阿瑪莉亞，生日的時候想不想來點可以讓你好好放鬆的按摩啊？」我回說：「別了，按摩本身就讓我很有壓力。」然後他們又提問：「那什麼可以讓你感覺好一點呢？」我則說：「一整天穿睡衣躺在床上看書。」

　　所以，他們最後送我的生日禮物是：一條超級軟的毯子、一些檸檬馬鞭草茶、一組 800 織的床單，還有一本吳爾芙的小說。

你可以做決定嗎

　　對焦慮的人來說，做決定有時候真的是非常難的一件事，因為我們的腦袋會開始質疑一切，想著做這個決定到底是對還是不對。還有，要是這個決定錯了，我們下輩子都會活在質疑自己決定的困擾當中。

　　所以呢，如果吃飯時間到了，你問焦慮的人要吃什麼，對方回說：「我不知道，你決定就好。」這時就請代我們做決定吧，非常感謝。

感謝再感謝

要完成一本書，真的需要很多人的幫忙。我想要謝謝 Andrea Montejo、Meg Leder、Amy Sun、Shannon Kelly、Patrick Nolan、Santiago Andrade、Amanda Arango、Hugo J. Andrade、Julian Camacho、Alejandra Algorta、Gloria Susana Esquivel、Alejandro Gomez Dugand、Maria Luque、Powepaola、Herikita、Milena Hachim、Alberto Montt、Catalina Bu、Nico Gonzalez、Brenda Lozano、Marcel Ventura、Andrea Loeber、Carolina Lopez，謝謝你們運用自己的才華、耐心，以及無限的智慧幫助這本書誕生。你們每個人都讓我更加相信一件事：愛會勝過恐懼。

我也想謝謝 Nela Gonzalez，謝謝你手把手地帶著我，走出我心中最大的恐懼，來到彼岸。謝謝你打開那盞明燈。

戰勝恐懼應援團團員簡介

瑪莉亞・路給（María Luque）

來自阿根廷的視覺設計師，她的書《畫家之手》（*La mano del pintor*，暫譯）超驚人。她除了是個繪畫奇才，還有一副非常美麗的眼鏡，以及相當不錯的幽默感。

@maria.j.luque

marialuque.bigcartel.com

亞歷山卓・哥梅 - 杜淦（Alejandro Gómez-Dugand）

哥倫比亞獨立雜誌《070》（*Cerosetenta*）總編輯。他唸的是文學，還是大學生的時候就開始從事記者工作。他討厭人多的地方，也討厭嘔吐，跟我一樣。

@gomezdugand

cerosetenta.com

帕溫・帕歐拉（Power Paloa）

視覺藝術家、插畫家，也是一個講故事的人。她是《熱帶病毒》（*Virus Tropical*，暫譯）、《母山》（*La madre monte*，暫譯）、《一切都會沒事的》（*Todo va a estar bien*，暫譯）等書的作者，最後這本書名取的真好，我也想要用在自己這本書上。

@powerpaola

亞歷山卓・亞歌塔（Alejandra Algorta）

作家，也是編輯。在 1991 年某個星期三早上，在醫生都還來不及趕到之前，她就在波哥大的一個浴缸裡出生了。從那一刻開始，她的身體就只想要回到水裡去。她因為著作《魚想出海》（*Pez quiere ir al mar*，暫譯）獲得汽船文學獎（Premio Barco de Vapor）的榮譽，更在最近發表自己第一部由巴別出版社（Babel）出版的小說《永不遺忘》（*Nuncaseolvida*，暫譯）。她也是詩集出版工作室「Cardumen」的創辦人暨編輯。

@acercandra_

葛洛莉雅・蘇珊娜・艾斯基維（Gloria Susana Esquivel）

作家及詩人，也是 podcast 節目《女性說教》（*Womansplaining*，暫譯）的主持人，並在節目中探索世界女權發展的現況。她的第一本小說《世界盡頭的動物們》（*Animals at the End of the World*，暫譯）在 2020 年春天由德州大學出版社推出。她討厭搭飛機，也有懼高症。

@gloriasusanaesquivel
juradopormadonna.tumblr.com

米蕾娜・哈欽（Milena Hachim）

通常用 Milo 這個名字在四處走跳的她，是我 IG 上的朋友，也是我最喜歡的插畫家之一。她住在聖地牙哥，喜歡《怪奇物語》（*Stranger Things*）。她還有設計出全世界最美麗別針的能力。

@milohachim
milohachim.com

雅博托・莫納（Alberto Montt）

視覺設計師及插畫家，他是在厄瓜多出生的（其實我是寫這段小簡介才知道的）。而且在所有智利人當中，他是我最喜歡的其中一位。你可能已經從他的漫畫《每日劑量》（*Dosis diarias*，暫譯）當中，一些超有才又出名的段落知道他了。而我所認識的他，則是對所有我覺得「好宅喔」的東西，都很有反應的人。

@albertomontt

dosisdiarias.com

尼可・岡薩雷斯（Nico Gonzáles）

來自智利的超棒插畫家、卡通畫家。他自從有了良知的那一刻起，手上就握著鉛筆。他的作品之中，我最喜歡他畫的莎麗娜，被我在這本書裡不知廉恥地抄襲了一番。

@holanicogonzaqlez

凱特琳納・布（Catalina Bu）

人稱 La Cata，是《一人日記》（*Diario de un solo*，暫譯）第一集與第二集的作者。這是每當我需要快樂的時候，都會看的書。她是超棒的插畫家，也是超棒的朋友，更是她家狗狗 Moño 的媽媽。

@catalinabu

catalinabu.com

推薦序

會怕也沒關係，我們慢慢來，就好

水腦

一本溫柔貼心又好笑的解憂書。（淘氣的插圖讓人很放鬆）

有時候再多的體貼言語，也沒辦法讓可怕的事物變得不可怕。可是作者不愧是爬過焦慮症地獄幽谷的人，不會說出無關痛癢要你「放鬆一點」這樣的話。

小至手機電量剩 4%、截圖傳錯人、上台發言⋯⋯，大至夢想還沒實現就先死掉⋯⋯她知道不管小恐懼還大恐懼，反正都很可怕。

我相信她也絕不會對失戀的人說「這沒什麼」。因為她知道「心碎的感覺和你在開放水域遇到大白鯊一樣恐怖（甚至更可怕）」。

此書不會讓人變超勇敢或多無畏無懼，但它會讓你知道並了解一些事實。光是幫你的恐懼命名，或是多了解它一點，就有機會幫你應付這種缺乏控制感的感覺。（所謂知己知彼百戰百勝？）

會怕也沒關係，恐懼不一定會讓你變得殘酷或膽小。就像作者用她的經歷寫下了這樣一本書。

我覺得什麼都不怕的人才讓人覺得遙遠呢。勇敢啊，是帶著害怕前進。

如果你停住了，也沒有很想前進，這本書會是一條柔軟溫暖的毯子，一杯鎮定心情的茶，說著沒關係喔，大家都是這樣的啦。

不急，多慢都可以，用一輩子的時間慢慢來都可以，覺得可以了，我們再走。**（本文作者為圖文創作者）**

各界推薦

每個人都有一些感到恐懼、焦慮的事物，但是我們多數的時候，可能因為不知道該怎麼做，就會用忽略、壓抑的方式來面對。在這本書中，作者用風趣、輕鬆的方式，帶大家去正視我們不想面對的負面情緒。除了有按部就班的引導之外，也輔佐紮實的科學知識，讓讀者在自在的狀態下，可以勇於面對自己的問題，並且從實踐的過程中，找到解決的方案。

——黃揚名（輔仁大學心理學系副教授）

在你焦慮、心煩意亂的時候，這本圖文並茂的小手冊，將是你必備的陪伴。你會在書中獲得：（一）與焦慮有關的小知識、（二）感覺自己被同理了、（三）用來應對焦慮的不同祕訣、（四）可可愛愛的療癒插圖。在未來，提到焦慮應對與處理時，本書是我會用力推薦的一本好書！

——蘇益賢（臨床心理師）

焦慮本身不可怕，可怕的是對焦慮的焦慮。認識焦慮的本質，直視那些可以控制和無法控制的事情；你將可以從這本書中得到力量，學習與焦慮和平共處。

——陳志恆（諮商心理師、暢銷作家）

「恐懼」就像一頭隱藏於內心的小野獸，總是潛伏於黑暗中，伺機而動。或許牠有許多不同的名字與樣貌，但如果總是刻意逃避，就無法了解牠、馴服牠。你也有屬於自己的恐懼小野獸嗎？這本書將以可愛的插圖與幽默的文字，帶著你一起梳理內心、戰勝恐懼！

——詹奇奇（IG 人氣書評家）

我很喜歡這本談恐懼的小書。我們要面對的恐懼真的很多，有的很幽微、有的很巨大，以我和恐懼交手的經驗告訴我，越是讓人恐懼的事，越需要被溫柔對待。而且除了溫柔，這本書還很幽默可愛。

——聰明主婦（聰明主婦の生活投資學創辦人）

這是本談論恐懼的實用小書，不僅探討它如何影響我們、如何從童年時期開始醞釀，又怎麼在長大成人後變形成焦慮。這本既幽默又體貼的書，是生活必備良伴。它提醒著我們，關於人生，其實我們擁有很多力量。

——美國書評網 Book Riot

本書用溫柔又機智的方式檢視恐懼。作者讓我們知道，恐懼就像心碎一樣普遍，也像心碎一樣是很好的老師。這本書給我們機會與力量，去觀察自己內心的焦慮，進而更懂得照顧它。

——瑪麗・安德魯（Mari Andrew），《我的內在天空》（*My Inner Sky*）、《到終點了沒？》（*Am I There Yet?*）作者

一本可以同時讓人很有感又獲得療癒的一本書，更不用說它還具挑戰性。別怕！別怕！別怕讀這本書。

——珍妮・勞森（Jenny Lawson），《瘋狂的快樂著：我那甜蜜、黑色又脫序的歡樂人生》（*Furiously Happy*）作者

塞滿善良、有點瘋癲，卻也很能讓人深有同感的觀點與洞察。不僅加入一些流行文化元素，也添加不少可以鼓勵讀者反思的部分。

——亞當・克茲（Adam J. Kurtz），《在崩潰前改寫自己的命運之書》（*Pick Me Up*）作者

這是一本既幽默又療癒的書，以獨特的方式為我們揭開恐懼神祕的面紗。作者在書中用很聰明的方式，探索焦慮背後那共通的真相，同時也為讀者打造容納自身恐怖臆想的空間。

——喬登・松德勒（Jordan Sondler），《你覺得如何？》（*Feel It Out*）作者

我深深地羨慕她可以如此脆弱，還有辦法如此聰明地談恐懼與創傷；在為我帶來安慰的同時，又讓我捧腹大笑。

——提摩西・古德曼（Timothy Goodman），《麥克筆藝術工作坊》（*Sharpie Art Workshop*）作者

這本書打敗大部分心理勵志書籍做不到的地方——讀了以後，還真的對人生有點幫助。

——李・克拉治利（Lee Crutchley），《少難過一點的練習簿》（*How to Be Happy*〔*Or at Least Less Sad*〕）作者

社會心理 38

別咬指甲了！把恐懼變成你的超能力！

戰勝害怕與恐懼，寫給每一個人的心理練習簿

作　　者　　阿瑪莉亞・安德烈（Amalia Andrade）
譯　　者　　白水木

總 編 輯　　許訓彰
特約主編　　蔡緯蓉
封面設計　　FE設計
內文排版　　FE設計
校　　對　　李志威

行銷經理　　胡弘一
企畫主任　　朱安棋
行銷企畫　　林律涵、林苡蓁
印　　務　　詹夏深

發 行 人　　梁永煌
社　　長　　謝春滿

出 版 者　　今周刊出版社股份有限公司
地　　址　　台北市中山區南京東路一段96號8樓
電　　話　　886-2-2581-6196
傳　　真　　886-2-2531-6438
讀者專線　　886-2-2581-6196轉1
劃撥帳號　　19865054
戶　　名　　今周刊出版社股份有限公司
網　　址　　http://www.businesstoday.com.tw

總 經 銷　　大和書報股份有限公司
製版印刷　　緯峰印刷股份有限公司
初版一刷　　2023年9月
定　　價　　380 元

別咬指甲了！把恐懼變成你的超能力！：戰勝害怕與焦慮，
寫給每一個人的心理練習簿 / 阿瑪莉亞 . 安德烈 (Amalia
Andrade) 著；白水木譯 . -- 初版 . -- 臺北市：今周刊出版社
股份有限公司 , 2023.08

208 面；17X23 公分 . -- (社會心理；38)

譯自：Cosas que piensas cuando te muerdes las uñas

ISBN 978-626-7266-27-4(平裝)

1.CST: 恐懼 2.CST: 焦慮 3.CST: 情緒管理

176.52   112008807

THINGS YOU THINK ABOUT WHEN YOU BITE YOUR NAILS
(COSAS QUE PIENSAS CUANDO TE MUERDES LAS UÑAS)
by Amalia Andrade